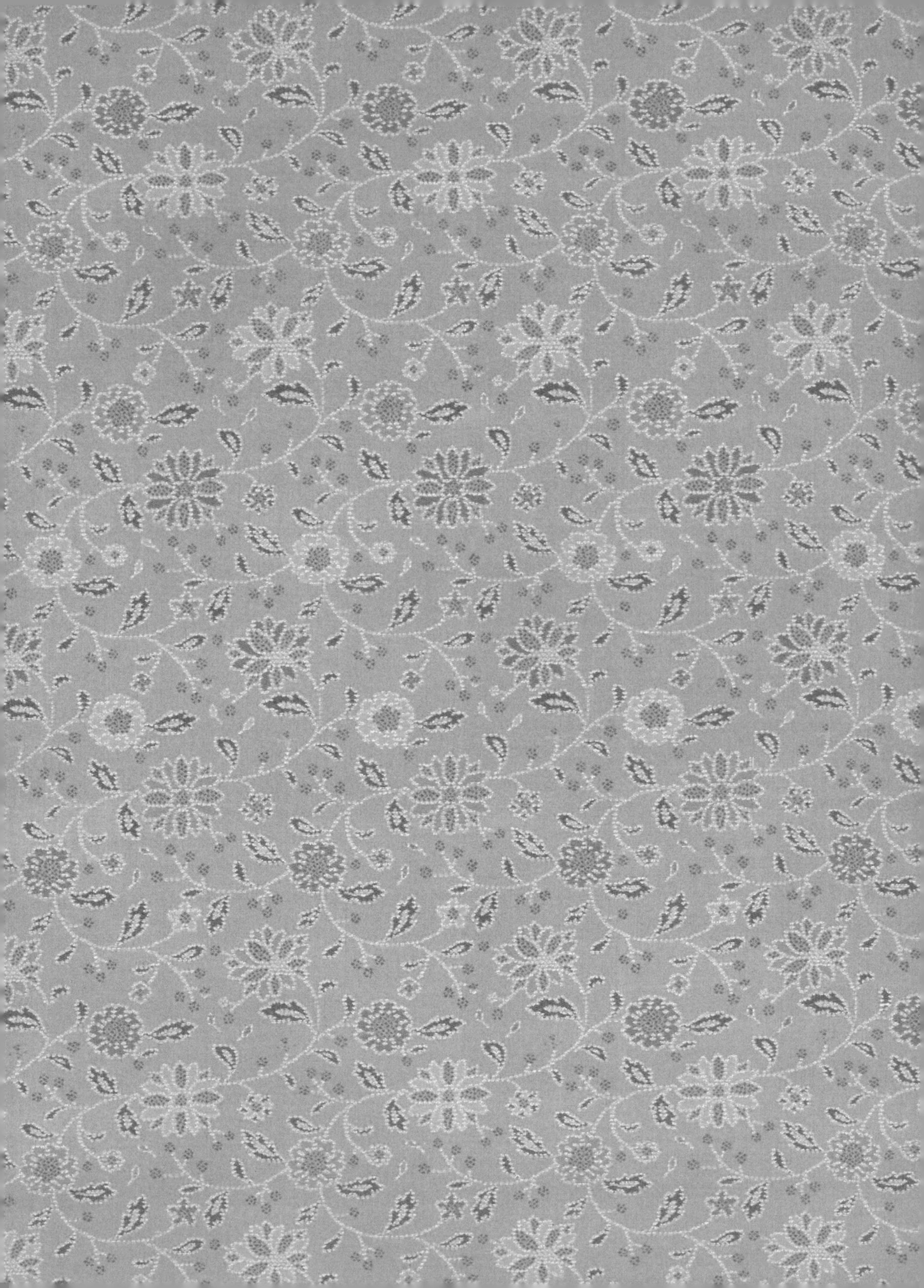

五台山與大圓滿

菩提洲◎著

文殊道場五台山是佛子們心中嚮往的地方，而在我心裡，朝禮五台，還有著更特殊的意義。

——希阿榮博堪布

跟隨希阿榮博尊者朝禮五台山

【序言】蓮師在五台山

頂禮三世諸佛之總集蓮花生大士！

一

猴年是最初在藏地樹立佛教寶幢的蓮花生大士誕生之年，對教下弟子而言有著特別的意義。在藏曆第十七勝生火猴年（西元二〇一六年）開始之際，我們發起蓮師金剛七句百億共修的倡議。一百億遍《金剛七句祈禱文》，如此宏大的目標，是非常難以實現的，然而迄今短短三個月間，報名共修的數量卻已經超過了八十億，現在看來，今年完成的數量將遠遠超過一百億。我不知道這是怎樣的一種緣起和示現，但其背後一定是蓮師不可思議的威德力加持。

同樣是今年，另一項艱鉅的工作——五台山菩薩頂的佛像保護工程也圓滿完成了。二〇一二年至今，三年多，困難重重，一再延宕，而因緣最終在信心、耐心和熱情的堅持之下成熟。一切付出都是值得的。

這些佛像成於一九八七年，由我的上師法王如意寶建造。那年，他老人家到五台山朝聖，一住數月，除傳法、修法外，還率領僧眾建造了幾百尊佛像，其中供奉在菩薩頂祖師殿的蓮師像，法王如意寶尤為重視，親自督建、裝臟、開光。

本來，每尊佛像都是殊勝的皈依處，都具有不可思議的加持，但由於緣起不同，有一些佛像對眾生便有著特別的意義和加持。比如，全世界最為著名的佛像之一——供奉在西藏大昭寺的釋迦牟尼佛十二歲等身像，世尊當年親自開光加持，並說此像「如我一般」，故藏族人稱之為「覺沃仁波切」，視他與世尊無二無別。在覺沃佛前禮拜供養，與兩千五百年前在

法王如意寶1987年朝禮五台山時親自督建、裝臟、開光，供奉於菩薩頂祖師殿的蓮師像

世尊面前禮拜供養是一模一樣的。

供奉在菩薩頂的這尊蓮花生大士像，也是這樣，具有眞正的見解脫的加持力。蓮師心間裝臟有一尊法王如意寶的前世伏藏大師列繞林巴取出的伏藏——「如我一般」大樂蓮師像。列繞林巴大師取出這尊蓮師像時，佛像開口說話道：「我與蓮師無二無別。」像在之處，即蓮師在。

二

一九八七年時的五台山遠不像現在這樣人來人往、香火鼎盛，那時整座山上見不到多少常住的出家人，很多寺廟都是空的。說起來，現在的人恐怕難以相信。

同樣令人難以置信的，是那年藏區各地聞訊而來追隨法王如意寶朝聖的四眾弟子有一萬多人。一萬多藏族人，跋山涉水，自發地聚集到五台山，圍繞在上師身邊，一百多個日夜，歡喜而精進地聞思修行。那是如何罕見的盛況！現在很多人聽了，覺得怎麼可能，懷疑我把數字弄錯了。

其實，以法王如意寶的感召力，到文殊淨土朝聖，有這麼多人隨行是很正常的。他老人家在藏地開法會，經常是十幾萬、幾十萬人參加。若不是語言隔閡、環境迥異、旅費和生活費不足等等問題的困擾，當年跟隨法王如意寶朝禮五台山的人會更多。

像我和我的很多師兄弟，就是在幾個月前聽說法王如意寶計畫前往五台山朝聖的消息後，開始爲將要到來的長途旅行做準備。我們跟隨法王到藏區各地弘法時，會得到信眾的一些供養。因爲五台之行的緣故，大家都很小心地開始攢錢，省吃儉用。我還記得我們把幾毛幾塊的錢分門別類，一張張仔細攤平，同方向疊好，計算清楚，因爲這些錢將支撐我們的長途旅行和在五台山的生活，更重要的，還要利用在聖地的機會多多上供下施。雖然買最便宜的車票、住最便宜的旅店、吃最便宜的飯，仍然需要很小心，學會精打細算。

說那時的五台是「紅色的海洋」不誇張，我們這麼多人，身上的僧衣把整個五台山染紅了。而且，那不是普通的一萬多人。在那一萬多人當中，有許多是藏地非常有影響力的高僧大德、寺廟住持，他們其中的任何一位，都是一方民眾皈依擁戴的對境。那一年在五台山，他們的齊聚到場帶給所有人巨大信心和加持。

法王如意寶到達五台山後，住在菩薩頂。弟子們分散在五台山各處，每天聚到菩薩頂周圍來聽法。這次五台之行是法王如意寶弘法利生事業不斷增廣的一個重要緣起。如果我有足夠的智慧，我會看到它對於佛法在漢地的中興、在藏地的再弘，密法尤其是大圓滿法在全世界的弘揚，都有著不可估量的意義。

很顯然，法王如意寶對此是深有瞭解的。動身前往五台山朝聖前很長一段時間，他一直在觀察和努力地積聚著緣起。

一九八六年在喇榮五明佛學院舉行《文殊幻化網》灌頂時，法王如意寶在定境中見到文殊菩薩和毘瑪拉密札尊者前來迎請他蒞臨五台山。法王如意寶對座下接受灌頂的弟子們說：「我從現在開始與漢地眾生結緣以度化他們。以後我們學院可能會有許許多多的漢族弟子前來求法、修行，並將顯密佛法弘揚到世界各地。」

法王的授記如今已成爲現實，而這一切都始於當年的五台之行。法王如意寶朝聖結束從五台山返回喇榮時，他的身邊多了一支由漢族出家眾組成的僧團，喇榮五明佛學院從此有了常住漢僧。這是法王正式攝受漢族弟子的開始。

那一次《文殊幻化網》灌頂法會後，法王如意寶又在許多場合發起念誦文殊心咒共修，很多人發願念一億遍，弟子們都盡己所能地勸導自己周圍的人參加共修。

在那個通訊不發達的年代，不要說網路、廣播電台等傳媒手段，連通電都是好多年以後的事，消息的散播主要靠口耳相傳。法王如意寶的一些重要倡議都是在大眾參加的法會上發佈。參加法會的不僅有喇榮的常住弟子，也有從各地寺廟專程趕來的僧團，也有聞訊而來的在家眾。有的人從偏遠的山村騎馬幾天幾夜，也有全家出動扶老攜幼徒步幾十、幾百公里來參加法會的。現場聽到開示的人返回家鄉，總會受到最熱烈的歡迎，有些人甚至是代表全村人來參加法會，使命尤爲艱鉅，他們不僅要自己認眞聽法，還要充當回去把一切告訴大家的報告人。各寺廟的出家眾在傳達開示方面，更是起到關鍵的作用。他們像是上師的小喇叭，快速而準確地向地區內的信眾轉達上師的法語。

法王如意寶發起的文殊心咒共修的倡議，便是通過這種古老而有效的方式迅速傳遍各地，共修的總數達到萬億之多。我記得當時我也回到家鄉德格玉隆闊，挨家挨戶勸請大家念誦文殊心咒，總數有兩百多億。

一九八六年底，法王如意寶應邀前往多康地區弘法，在眾多寺廟舉行法會，並朝拜了代表蓮師身、語、意、功德、事業的五大神山。所到之處，無不受到隆重接待和熱烈擁護。這次出行，進一步奠定了法王如意寶佛行事業在藏地如日中天之勢。

此前六年，也就是一九八〇年，法王如意寶在色達喇榮山谷創建起後來成爲世界最大的佛教高等學府的喇榮五明佛學院。寧瑪巴著名的一世敦珠法王曾在喇榮建立密宗道場，有一百多座修行茅棚，十三位弟子最終在此獲得虹身成就。後來那裡逐漸成爲人跡罕至的荒谷，直到法王如意寶到來，再次豎起佛法廣弘的寶幢。那年他四十八歲，正當壯年。

當時的藏地，老一輩佛教學者、修行者已紛紛離去，傳統的聞思修體系中斷，僧才凋敝，佛法幾近湮沒。而人們心中對佛法的思念卻與日俱增。人們需要佛法來撫平內心的痛苦，需要像祖祖輩輩一樣，在佛法中去尋找和體認生命的安樂與眞相。更有無數珍貴的佛法傳承需要有年輕一代的修行者、講法者將之接續、弘揚下去。在這種背景之下，喇榮五明佛學院的建立，像一道曙光，讓人們看到了未來的希望。藏區各地學子如百川歸海般匯聚到喇榮，依止法王如意寶廣泛聞思修持顯密佛法。學院的迅速發展，是法王如意寶不可思議功德力的感召，也是順應時代趨勢之必然。

天時、地利、人和，所有因緣的聚合，總算還不是太晚，上師還沒有老邁，他正當盛年，傳承法教、饒益眾生的宏大事業藍圖在他的面前徐徐展開了。

那時，他還是「色達堪布」。然而藏地公認的高僧大德和第十世班禪大師在寫給他的信中，都敬稱他爲「聖者法王」、「法王如意寶」。上師從來無意爭當「法王」，但持教大德們如此稱呼他可能有著甚深的密意，於法教興盛有特殊的意義，於是他接受了這樣的稱謂，希望以此能成爲佛法再弘、眾生安樂的緣起。大概是在一九八六年前後，「法王如意寶」這一稱號廣泛流傳開來。

本師釋迦牟尼佛、鄔金第二佛蓮花生大士都曾對法王如意寶有明確授記。前輩的祖師大德們也早預言過：他將成就「頂天立地」的弘法利生之事業。難行能行，開創局面，法王如意寶的確有這種力量。

隨著佛法再弘的新篇章在藏地悄然翻開，聲威日隆的法王如意寶也在積極爲佛法，尤其是無上密法，在更廣範圍內的弘揚創造緣起。他在多康弘法期間朝拜蓮師五大神山，開取眾多伏藏，即有著深廣的密意。

記得法王如意寶當時在寺廟供養的眾多物品中挑出兩件，一個坐墊，一個䰗頭，對大家說：「我們在佛像及三寶所依前念誦緣起咒，看哪一個被選中。坐墊表示我將安住一處弘法利生，䰗頭表示我將遊歷四方廣利有情。」結果籤落在䰗頭上。法王如意寶見狀笑道：「既然如此，明年開春我將朝禮五台山，以後依次到各地去弘揚佛法、度化眾生。」他老人家的自信、樂觀感染了在場每一個人。

那是我記憶中的黃金年代。當時不覺得，如今我自己也到了上師當年的年紀，

1987年帶領四衆弟子朝禮五台山，是法王如意寶弘法利生事業不斷增廣的一個重要緣起

才明白那樣的意氣風發、自信樂觀，需要多少善緣、多少福德，多大的心力，更加需要對眾生懷著多深切的悲心。

來年開春，五台山果然迎來了聖者法王。他在這裡所做的很多事都是開創性的。一百多天的時間裡，法王如意寶在較大範圍連續傳講了寧瑪派甚深法要和竅訣，在定境中親見文殊菩薩，於光明境界中自然流露出集大圓滿竅訣於一身的無上法寶《文殊靜修大圓滿——手中賜佛》，並撰寫了《忠言心之明點》、《生生世世攝受願文》、《親見文殊菩薩發願之金剛道歌》等眾多發願文、道歌，大部分如今成爲佛弟子每天念誦的功課和修行要訣。爲了利益未來的眾生，他還將許多伏藏品交付予護法神或者以種種方式隱藏於五台山，留待未來的有緣者取出。他還帶領弟子們共同念誦了近二百萬遍《普賢行願品》，並發下誓願：「凡是與我結緣的眾生都往生極樂世界。」

我常常想，且不說法王如意寶的斷證功德，他對佛教的貢獻，單是他做人這樣敞亮有魄力，就讓人敬服。發誓願亦是如金石般擲地有聲。

三

眾所周知，五台山是文殊菩薩弘法利生的殊勝道場。卻並沒有很多人知道五台山還與密宗大圓滿法脈有著甚深的淵源。

五台山的那羅延窟是文殊菩薩與金剛手菩薩等一萬菩薩轉法輪的地方。這位金剛手菩薩在密宗裡被稱爲密主金剛手，是大圓滿傳承祖師金剛薩埵佛尊的菩薩相示現。大圓滿法脈中有多位祖師被公認爲文殊菩薩的化身，也有多位傳承祖師在五台山修行過。

《普賢上師言教》裡講到大圓滿阿底瑜珈在人間的起源和傳承，由密主金剛手尊者傳予嘎惹多傑，嘎惹多傑傳予蔣巴謝念，蔣巴謝念傳予師利星哈，而師利星哈尊者有智者嘉納蘇札、大班智達毘瑪拉密札、鄔金蓮師、大譯師毘盧遮那等四位弟子承繼其法脈。

由於師利星哈尊者成道後長期在五台山安住直至示寂，因此他的法子們求法、修道、依止上師的很多事蹟，便都發生在五台山。

因爲這一段過往，五台山與大圓滿法的延續、發揚有了千絲萬縷的聯繫。

末法年代，眾生業力所感，煩惱熾盛，剛強難化，也正是這樣的時刻，大圓滿法才愈發顯示出威力。莫說得到大圓滿的灌頂和引導，或者聽聞大圓滿法，哪怕僅僅聽到大圓滿的名號，此人也必將於人壽十歲時得到吉祥智慧空行母的度化，在生、死及中陰三時段中的任何一時獲得解脫。這在《阿底大莊嚴續》中有明確的開示。

米滂仁波切在《文殊大圓滿基道果無別發願文》的末尾也寫道：「大圓滿法僅僅聽聞也必定

能解脫。」續部有云：「在有勤因乘難以調伏眾生的時期，大圓滿法將廣弘於世，普度有緣眾生。」眾生的煩惱業力不可思議，大圓滿法的加持力同樣不可思議！

法王如意寶朝拜五台山，與大圓滿法日後的廣弘密切相關。他老人家之前在定境中見到文殊菩薩和毘瑪拉密札尊者共同來迎請，這其中亦自有深意。毘瑪拉密札尊者當年在西藏弘法十三年後，來到五台山，於賢劫千佛的教法隱沒之前，他將一直以虹光身住在五台山，每隔一百年化身去西藏一次，在佛法衰微之際維繫和弘揚大圓滿法門。

法王如意寶到達五台山後對弟子們說：「如果我們能在菩薩頂塑一尊莊嚴的蓮師像，同時在其他寺院也塑許多蓮師像，以後無上密法就會在漢地廣弘，並進而在全世界廣弘，無量眾生將得到解脫。」

蓮師是藏傳佛教的根源。他在藏地樹立起佛教的寶幢，並護持佛法在這片土地上代代相傳。他大興密法，向諸多弟子傳授密續教法、竅訣，又透過伏藏的方式，使得密法在漫長的歷史中不爲破誓言者染汙而保持近傳的獨特加持，也不會因時間的流逝而逐漸中斷傳承。

佛法的住世可分爲果期、修期、教期、形象期四個時期。果期，即是近傳加持力最大的時期，學法者迅速就能證果。比如，釋迦牟尼佛住世時，座下弟子親聞佛陀教言，直接從佛陀處獲得傳承，是爲近傳，加持力巨大，所以很多人速疾證得果位。到了修期，更多的學法者是處於證果前的修法的階段。而教期，學法者中大多數著重於聞思，對言詞、理論的研究；相對而言，修的人較少，證果的更少。到形象期，就只剩下外在形象上的修行了。

蓮師的伏藏法，是把蓮師言教藏於山川、湖泊、虛空及意識中，待未來時機成熟的時候，由蓮師化身的伏藏大師取出。因而無論時空怎樣相隔，那個時代相應的有緣眾生都能得到蓮師的近傳。一個伏藏法取出，傳承數代後，或許因為破誓言或其他因素的染汙、干擾，加持力逐漸減弱。而新的伏藏法又會被發掘出來，又是未經染汙、破壞的近傳。由於蓮師伏藏法的善巧方便，從某種角度說，佛法的果期便無限延長了，修行者總是能夠依靠近傳的加持力，迅速獲得成就。

此外，很多法教尤其是無上密法，在其他地區已經失傳，而在藏地卻保存下來完整的儀軌、傳承、灌頂、修法、竅訣等等。這都依賴於蓮師的大威德護持。

當這些珍貴的法教如預言中所說，在我們這個時代，逐漸在全世界流傳的時候，依然離不開蓮師的護持。

法王如意寶一聲令下，所有在五台山的弟子都行動起來，每天除正常的聞思修外，一項重要任務就是塑造佛像，我也參與了菩薩頂佛像的塑造。我沒有什麼技藝，但有力氣，所以我就負責擔水、和泥。我們的僧團裡真是藏龍臥虎，平時看不出來，一到有事，能工巧匠們就出來顯身手了。三個月時間裡，大家在包括菩薩頂在內的五十多所寺廟中，塑建了鄔金第二佛蓮花生大士像及其他很多佛像，總數有幾百尊。這些泥塑彩繪佛像大小不一，而每一尊都面容莊嚴、姿態優美、色澤雅致。難以想像當年僧眾們有如此高的佛教造像藝術的修養。此外還修建了文殊寶殿、宗喀巴大師殿等佛堂。

那麼短的時間裡塑造那麼多精美的佛像、佛堂，這在歷史上都是少有的。其背後，除了僧眾們清淨無染、慈悲利他的心，是法王如意寶不可思議的加持力，是他老人家的大悲願力與神通力。

劫成劫壞，百千萬億劫裡，金剛乘的佛法，只是偶爾出興於世。蓮師曾說：「往昔初劫普嚴劫時，先生王佛的聖教中廣泛宣揚過密法，現今釋迦牟尼佛的聖教中密法廣弘，將來千萬劫過後的華嚴劫時，與現在的我相同的文殊師利佛出世，將廣泛弘揚密法。因爲這三劫的眾生堪爲密法法器。」

在無涯的時光中，我們有幸生在佛出於世的光明劫，更有密法出現，但若不是祖師大德心心相印、代代相傳的保護延續，和在末法年代排除萬難的悲心攝受，我們當中太多人恐怕沒有緣分接觸到密法。現在回望，法王如意寶當年做的很多事都是在爲我們創造這個因緣。

一九八七年之後，法王如意寶弘法利生的腳步遍及海內外，使無數有緣者得享佛法的甘露。他所開創的局面，如果能客觀公正地看待，就應該承認，是佛教歷史上爲數不多的興盛時期之一，尤其是在寧瑪巴的歷史上。法教如此廣弘，教下弟子如此眾多。

寧瑪巴的無上大圓滿法，九乘佛法之巔，到如今依然是密中之密，正行不輕易外傳。然而大圓滿是僅聞其名亦得解脫，說容易也如此容易，卻千百年來聞其名者寥寥無幾，說難也如此難。就是這樣超勝稀有的大圓滿法，其聲名從未像現在這樣遠播過。

大圓滿法的廣弘，是時代機緣成熟，也是諸多持教大德為傳承法脈不懈努力的結果，這其中，法王如意寶做出了不可估量的傑出貢獻。

大圓滿的歷史上，修行者顯現外內密的驗相、成就虹身的很多，但是大圓滿法自來以極其保密的方式在師徒間傳授，得到法要者秘密修持，可能終生不為人知。有的成就者不攝受任何弟子，有的只攝受少數幾位有緣弟子。

而我們所處的時代，到了蓮師授記他的法教廣弘的時期。《聲應成根本續》裡也說現在這個時代恰好就是大圓滿興盛的時代。法王如意寶在較大範圍內傳講大圓滿法，一是契合了祖師及續部的授記；二來，他老人家以前常跟我們這些弟子說：「末法時期，有些人會講法，自己卻沒有多少修證；有修證的又往往不能按照見、修、行、果的次第為弟子完整傳講大圓滿法；有的人既沒有證悟境界，也沒有能力傳講續部教言，卻喜歡信口開河，四處傳法。真正有修證、能講大圓滿密續又能講竅訣的上師，就像白天的星星一樣稀少。」所以法王如意寶盡可能多為弟子傳講大圓滿法，並讓大家踏踏實實修學，為了日後能有更多人在愈加濁亂的世間傳揚如暗夜之明月的大圓滿法，指引世人的安樂解脫之道。

攝受弟子越多的上師，承受的障難也就越大，尤其傳授無上大圓滿這樣的法門。法王如意寶不會不知道這一點，實際上他自己也說過這個問題，他說因為他攝受了為數較多的弟子進入大圓滿壇城，有一些人後來破了密乘戒，對他的弘法利生事業造成了極大障礙，並且也可能影響到他的壽命和虹化的示現，但即使這樣，他也仍然會廣弘大圓滿法。

他跟弟子們說：「我們輾轉輪迴，吃過無數苦頭，受過無數磨難，無數次失去生命，然而沒有一次是為了佛法；現在我所承受的，卻是為了佛法和眾生，所以我不會猶豫也不會後悔。」傳承上師的這種承當和犧牲，讓更多後來的眾生有了接觸大圓滿法的機會。

法王如意寶在《勝利道歌．天鼓妙音》中寫道：

甚深光明大圓滿，僅聞詞句斷有根，
六月修要得解脫，唯此銘刻於心中。
遇此勝法善緣眾，前世累劫積資果，
與普賢王同緣分，諸道友當生歡喜。

仰仗法王如意寶的悲願與福德，我們得以在今生值遇大圓滿法。這個機會，份量何其重，又何其寶貴。

四

五台山因爲與大圓滿法的深厚聯繫，在寧瑪巴的弟子心中成爲特別的聖地，不斷有人前往朝拜，並駐留於此修行。大白塔前常年有藏族佛教徒在磕大頭，樹蔭下一張張磕頭用的木板，有些人在這裡已經磕了十幾年。那情景令人恍惚來到印度金剛座的大菩提樹下。

一九八七年後我自己也多次到五台山朝聖，追隨法王如意寶當年的腳步，在他停留過的地方，再再禮拜、供養、發願。

2012年，希阿榮博堪布追隨法王如意寶當年的腳步再次朝禮五台山，在菩薩頂向蓮師像供養哈達

我們相信，在祖師閉關修行、傳授法要、徹證無上大圓滿以及示現圓寂的聖地，在祖師以大遷轉虹身駐錫的聖地，發下的願一定會成熟。

二〇一二年夏，我再次朝拜五台山時注意到法王如意寶當年塑造的佛像因年久失修，都有不同程度的損壞，便開始想辦法，看是否可以把佛像保護起來。這些佛像，尤其是菩薩頂的那尊蓮師像，是佛法興盛的殊勝緣起。

自那時起到現在，前後三年多，佛像保護的工作一直在進行中。技術上要解決的最大難題是：如何在確保不對佛像造成絲毫損毀、改動的前提下，對佛像進行完善的保護？

我們花了半年時間多方尋訪文物、佛像保護方面的專家，對不同保護方案的可行性進行研究。在初步確定採用結合數位技術和傳統銅像塑造技術的佛像包銅保護方案後，又長時間反覆細化、修改和論證，因爲這是難度很高的一種全新工藝，即使富有造像和保護經驗的專業人士，對它的應用效果也沒有充分把握。

具體的技術、工藝流程我並不懂，但爲了消除大家的顧慮，確保這樣的保護措施不會對原有佛像造成絲毫破壞和改變，我請教了這類專家，他慈悲地爲我這個外行人作了如下解釋：

「首先用全數位資訊技術對佛像進行三D掃描。把資料收集儲存，進行資料分析，對破損位置進行資料修復。然後運用三D雕刻和三D列印製作佛像等比例模型。再用二毫米厚銅板在模型上鍛造一比一的銅材質佛像。最後把兩毫米的銅製佛像拆解分塊緊密包裹在原有的泥塑佛像外側。再在銅衣上貼金、彩繪。在不破壞原有泥塑佛像的基礎上包裹一層銅，使其更加牢固並能長久保存。」

這種保護是應用高科技在原有佛像外面包一層銅，絲毫也不改變佛像本身，也勿需搬動固定在佛台上的佛像，更不會影響原有佛像的裝臟。

爲保險起見，我們還先以蓮師像爲標準做了三D掃描、佛像複製、包銅保護和彩繪試驗，結果非常成功。這尊與菩薩頂蓮師像一模一樣的佛像如今供奉在扎西持林的祖師殿裡。

參與這次佛像保護項目的居士和相關

2016年，歷時三年多的佛像保護工程圓滿，對包括蓮師像在內的菩薩頂祖師殿的十九尊佛像進行了包銅保護

專業人員，三年間無數次上下五台山解決技術、施工等方面的問題，最終圓滿完成了包括蓮師像在內的菩薩頂祖師殿十九尊佛像的包銅保護。

一些高僧大德也持續關心著這項工程的進展，爲我們念經作加持，感恩他們的護佑。

在末法年代，一件事對佛法和眾生意義越大，去完成它，遇到的違緣就會越大。

其實不僅是末法年代，回顧過去，早在蓮師入藏時期，他的弘法利生事業就伴隨著障難違緣，以及他的無畏降伏。他和靜命論師、毘瑪拉密札尊者、毘盧遮那譯師一起，在萬難中共同開創了藏傳佛教前譯期的興盛局面，使佛法在藏地生根發芽，尤其是無上密法，從此有了一片開枝散葉的沃土。今天的人讀到這段歷史，很多事往往認爲理所當然，不會想到祖師們當年的艱難和危險。

蓮師的法脈彷彿也傳承著他的無畏與堅韌，很多上師都是在重重困境中突圍，頑強地把法教延傳下來。我們熟悉的大圓滿祖師無垢光尊者、米滂仁波切，他們被同時代的一些人視爲異類、敵人，頻頻加以傷害、攻擊。無垢光尊者是在寧瑪巴三大護法的幫助下撰寫完成的《七寶藏》、《四寧體》（寧體爲音譯，意譯爲心滴或心髓），他被四處驅趕，無容身之所，很少有人理解他、幫助他，而就算是這樣，他還是爲後人留下來無上密法最璀璨奪目的論著，後世大圓滿修行者奉爲圭臬的法要寶藏。米滂仁波切是蓮師授記的「弘揚大圓滿的太陽」，他住世時，人不識其境界，盡皆起謗，但他在險惡困頓中完成的千餘種殊勝法寶著述，卻延續了共同的佛法與不共的舊譯密法之慧命，對後學者有無盡的法恩。尤其他歸納《七寶藏》、《四寧體》的精華而撰寫的諸多大圓滿修行竅訣，更是令修行者受益無窮的佛法如意寶。

法王如意寶的一生也是這樣，在磨難中護持佛法，不惜性命延續法教，不使斷絕；當他終於有機會弘法利生的時候，誹謗、攻擊、損害，種種違緣也隨之而來。四面八方的阻力，簡直讓人寸步難行，但法王如意寶身上也承繼了自蓮師而來的勇敢、堅韌和大力，他在困難的境地中無所畏懼地向前。從某種角度說，法王如意寶弘法利生的事業有多大，他所承受的阻力障難就有多大。

2016年佛像保護工程圓滿，希阿榮博上師在菩薩頂祖師殿前

然而，他的事業一直在壯大，不是嗎？即使在他示寂之後，他的法脈依然在發展並且更加興盛廣大。正是這種愈壓愈強、不可阻絕的旺盛生命力，使寧瑪傳承穿越悠長的歷史時光，到如今仍然以鮮活有力的法教引導幫助著當下時代的眾生。

能夠成爲寧瑪傳承的弟子，我感到很幸運。能夠爲法王如意寶佛行事業的延續發展提供順緣，無論是多麼微小的幫助，我也會竭盡全力去做。在我的生命中沒有什麼比這個更有意義。

蓮師像的妥善保護，使得這尊緣起殊勝的佛像能夠繼續供奉在五台山。他老人家當年說：「以後無上密法就會在漢地廣弘，並進而在全世界廣弘，無量眾生將得到解脫。」

聖者的話是諦實語。大圓滿法廣弘的時候到了。

三世佛陀究竟之意趣，深寂離戲光明無爲法，

覺空不壞金剛之宗派，祈願蓮生大師教法興。

舊譯寧瑪巴教下弟子　希阿榮博

完成於藏曆火猴年三月初十蓮師加持日

後記

本文完成的當天，在凌晨清晰的夢境中，我看見法王如意寶站在山坡上，我下意識上前站到他老人家的下方，輕輕托住他的手肘。上師的溫暖剎時傳遍我全身，我是一個幸福的「扶手」。上師就那麼扶著我站了很久，我心裡歡喜又緊張，不，簡直太緊張了，擔心自己腳下打滑站不穩驚動了上師。上師一定也知道我的心情了，他笑了笑，起身往別處去。

我們來到一片屍陀林。那裡有一尊上師的妹妹阿里美珠空行母的雕像。我頓時憂愁起來：「美珠空行母已經示現圓寂了，上師看見雕像會難過的。」正這樣憂愁，只見上師跟雕像開始說起話來。

我記得，在美珠空行母示寂後不久舉行的極樂法會上，法王如意寶說，他的妹妹一生謹慎取捨因果，精進修持佛法，並且以他平時的觀察，她的大圓滿修證境界是很高的。空行母示寂時，果然也顯現了法體縮小、西方天空出現彩虹等成就的瑞相。印藏很多大成就者都說，透過他們的觀察，美珠空行母不僅自己往生極樂世界，與她結上緣的很多人也都隨她一起往生到極樂世界。她示現圓寂後，法王如意寶說，以她的修證，且終生沒有攝受弟子，沒有受到干擾，如果荼毗的話，應該會出現續部中所說大圓滿成就徵象的金剛舍利，見聞者能因此增上修法的信心；但考慮到每年送來學院天葬、超度的人很多，甚至青海、西藏等地的人都不遠千里把亡者送到喇榮五明佛學院來天葬，爲了幫助和加持這些亡者，還是決定將美珠空行母的法體在學院的屍陀林天葬。

法王如意寶和美珠空行母談得很開心。是我記憶裡一直以來兩位上師在一起時特有的融洽和溫暖。像我這樣從年輕時就跟在上師們身邊，受到美珠空行母如母親般關愛的弟子，對此都有深刻印象和感受。

喇榮五明佛學院德高望重的老一輩學者、修行者都對美珠空行母十分恭敬、愛戴。是她，幾十年如一日，無論在怎樣的環境裡，忠實又勇敢地護持著法王如意寶的事業。而她爲人又是那樣謙遜，平時即使見到最普通的出家人，也會起立以示恭

法王如意寶與妹妹阿里美珠空行母、外甥女門措上師早年法相

敬。她話不多，但總能恰到好處的讓人感覺溫暖而又放鬆。

我不想打擾上師們的談話，於是退到一旁靜靜等待。恍惚間又像是坐在一個帳篷裡，這時天空中掠過一架很大的飛機，在我頭頂盤旋一圈後，降落在帳篷前的樹叢當中。從飛機上走下來幾個人，興高采烈地來到我面前求法。我滿足了他們的所求，爲他們傳了法。結束後，這些人非常歡喜地起身告辭，我聽見他們邊往回走邊說：「眞是太好了。我們求到法了！」「剛才降落時，機身外面有一點擦傷，不過小問題，修復一下就好了。」

……

像我這樣凡夫的夢境本是迷亂不應執著的，但夢見的是上師，我想迷亂也會因此隱藏有某種特別的意義和緣起吧。

我們所謂的現實世界，其實並不比夢境更眞實更不迷亂，而就在這虛妄的「現實」中，我們遇見佛法、遇見上師，精進修行；因這如夢如幻的遇見，我們有了識破夢幻的可能。

《月燈經》說，
哪怕只是朝著五台山的方向走七步，
也有很大的功德。

目錄

【序言】蓮師在五台山 5
【前言】朝聖更重要的是內在的旅程 36
【導語】感悟生命的清涼 42

第一天 47
行程1 大白塔
五台山的著名標誌 54
在塔院寺供燈 56
回憶法王如意寶 59

第二天 67
行程2 那羅延窟
傳說中的文殊密宅 76
在那羅延窟供燈 79
傳授文殊身語意灌頂 81

行程3 東台

望海寺和笠子塔 90

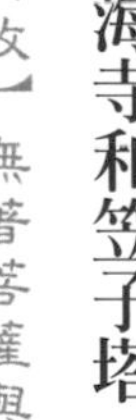
【典故】無著菩薩與病狗 92

行程4 北台

華北地區最高山峰 95

靈應寺解釋無垢文殊精義 97

行程5 金剛窟

倖存的佛陀波利塔 102

講述金剛窟與大圓滿的因緣 107

【典故】毘瑪拉密札祖師 110

附錄1：末法時代與大圓滿法門 119

附錄2：龍欽寧體法系 125

第三天 129

行程6 南台

錦繡峰「靈境寂寞」 138

普濟寺傳承修法儀軌 140

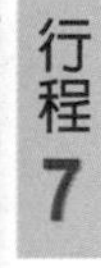

行程7 中台

翠岩峰上太華池 145

文殊菩薩於五台山說法演教之地 150

行程8 西台

蓮花生大士像旁灌頂 155

【典故】文殊菩薩與維摩詰大士對談石 162

神奇的八功德水 164

法雷寺開示朝禮五台山的因緣 167

附錄：《心經》與大圓滿 170

第四天 179

行程9 菩薩頂

文殊菩薩的住處 188

講述法王當年在五台山事蹟 189

於靈峰聖境懷念晉旺堪布 198

行程10 圓照寺

文殊菩薩顯現眞容之地 203

慈福寺舊照與華覺江措活佛 204

【典故】有關佛陀愛子羅睺羅尊者的傳說 208

行程11 羅睺寺

古寺梵音與靈塔神燈 213

「開花現佛」與《次第花開》的巧合 215

喜見肉身羅睺真身像 220

二十五年前的奇妙因緣 224

行程12 上善財洞

供奉善財童子之地 227

法王如意寶行跡 231

【典故】師利星哈祖師的修行歷程 235

【典故】嘉納蘇札祖師的修行歷程 238

蓮師薈供，傳承《上師瑜珈》 241

善財洞上師再開示 245

【前言】

朝聖更重要的是內在的旅程

文殊道場五台山是佛子們心中嚮往的地方，而在我心裡，朝禮五台，還有著更特殊的意義。

一九八七年，我的上師法王如意寶偕同弟子、信眾到五台山朝拜，在此停留數月，講經說法，撰寫論著法要，塑造塔像廟堂。

他老人家從小就對文殊菩薩懷有極大的信心，對文殊道場五台山充滿嚮往。

那一年的五台山之行是法王如意寶在漢地弘法利生事業的開始。

我很榮幸能跟隨上師朝聖，在文殊道場聆聽上師開示，與上師一起發願，在上師引導下修法，跟師兄弟們一起遵師教言塑建佛像……，那是多麼快樂的一段時光。

那是我第一次離開藏區，來到一個陌生的環境，然而心裡卻覺得熟悉。五台山很多地方都像藏區，高原草原，空曠遼闊，藍天白雲下有經幡飄展。

我的熟悉感也許不僅來自於外在的景觀，更有內在的心靈傳承。大圓滿教法的祖師師利星哈、

嘉納蘇札、毘瑪拉密札、蓮花生大士都曾長期在五台山閉關修行，在這裡接續傳承大圓滿法脈。

後來我自己又幾次朝拜五台，循著當年法王如意寶的足跡，重訪一處處聖地。

大白塔下的藏經閣前，上師曾在此帶領大家念誦《普賢行願品》，並發願：所有與他結緣的眾生都往生極樂世界。

在善財洞，上師閉關二十一天，現量見到文殊菩薩，並寫下《忠言心之明點》。

羅延窟，上師閉關十四天，寫下《文殊靜修大圓滿》。

菩薩頂，上師傳授、撰寫了諸多顯密法要。

善財洞清涼屍林，嘉納蘇札、毘瑪拉密札曾在此長期依止師利星哈。

金剛窟，釋迦牟尼佛的法教湮滅之前，毘瑪拉密札以虹光身長住於此，護持佛法。

……

故地重遊，使我有機會不斷地憶念上師，他的教言，他的發願，以及歷代祖師的證悟和行持，我的心因而能夠時常處在正念當中。

正念的修持，在我看來，是朝聖的重要內容。正念是指心住正法，一心專注於對正法的憶念、定解、覺受或證悟。與日常生活的種種情境相比，朝聖過程中的所見所聞更能夠喚起我們對三寶的憶念和對法的領悟。

朝聖有助於更快的積累福慧資糧、清淨業障。積資淨障的眾多修法可總攝為七支供：禮敬諸佛、廣修供養、懺悔業障、隨喜功德、請轉法輪、請佛住世、普皆迴向。整個朝聖的過程也可以理解為不斷修持七支供的過程。

我們在聖地會做很多禮拜，這無疑是禮敬諸佛的一種方式。此外，我們還以誦經、持咒、持佛號等等形式，傳頌、讚歎諸佛菩薩的功德。這也是一種禮敬，叫語頂禮。

內心對文殊菩薩有堅定的信心，對文殊道場五台山有強烈的歡喜和嚮往，這叫意頂禮。意頂禮還有更深層的含義，就是深信諸佛無所不在，遍滿虛空，一顆微塵中也有無數清淨刹土，一一刹土皆有佛住持，菩薩眷屬圍繞。有這樣的信解，是意頂禮。認為一切都是佛的清淨刹土，這是非常殊勝深刻的見解。初學者雖然不能親見，但只要有這樣的念頭，願意相信，就是在禮敬諸佛，就能積累巨大的福慧資糧。

文殊菩薩曾說他會親自迎接每一個到五台山來的人。我們都會在五台山見到文殊菩薩，只不過由於自身的障礙垢染，認不出來。因為在五台山遇見的每 一個人都可能是文殊菩薩的化現，所以我們會努力克制自己的瞋心和急於判斷的傾向，不隨便認為某個人卑劣、可惡，而是盡量對所有人保持平等恭敬的態度。當我們這樣做的時候，就是在向清淨觀邁進。文殊菩薩以非常善巧

的方式幫我們扭轉著習氣。

在聖地，我們隨時以香、花、燈燭、美好的景色以及內心的快樂、信念、領悟供養諸佛，反省自己的所作所爲，眞正生起懺悔之心，並眞誠隨喜他人的功德。在大家日常的工作和生活裡，由於長期浸淫在鼓勵自我和爭鬥的氛圍中，慣性的思維模式和言行方式使你很難自然而然就去反省和隨喜，你需要付出很大的努力去提醒自己不隨慣性轉。然而，在聖地不一樣，你所處的環境，你身邊的人，都讓懺悔和隨喜變得更加容易、自然。

我們還會很自然地常常憶念文殊菩薩、憶念上師，重溫他們的教言，請別人爲自己講解佛法和諸佛菩薩的功德，因而心裡也就總是放著對佛法的思考和領悟。

在五台山朝聖時，我們每到一處都要念誦《普賢行願品》，跟隨普賢菩薩發大願、做迴向。對初學者來說，正確的發願和迴向非常重要，能迅速積累起巨大的福慧資糧。

我們相信朝聖是積資淨障的一個好辦法，然而，如果你只是以觀光的心態去聖地一遊，恐怕也很難達到積資淨障的效果，因爲你的心還是老樣子，還在原地。所以，朝聖更重要的是內在的旅程。

希阿榮博　於藏曆木羊年二月初五

五台山中台台頂的文殊菩薩金身佛像

【導語】

感悟生命的清涼

東北方有處，名清涼山。從昔已來，諸菩薩眾於中止住。現有菩薩，名文殊師利。與其眷屬諸菩薩眾一萬人，俱常在其中，而演說法。

——《大方廣佛華嚴經．諸菩薩住處品》

根據《首楞嚴三昧經．卷下》的記載：「過去久遠劫有龍種上如來，於南方平等世界成無上正等覺，壽四百四十萬歲而入涅槃，彼佛即今之文殊師利法王子。」文殊師利菩薩乃是古佛再來，爲了利益眾生而示現爲佛陀弟子。

同樣根據許多佛典經論記載，南瞻部洲有五大聖地，即是中土的金剛座，東方的五台山，南方的普陀山，西方的鄔金剎土，北方的香巴拉國。五台山是印漢藏一致公認的清涼聖地，文殊道場，千百年來爲僧俗所尊崇。根據《大方廣佛華嚴經．諸菩薩住處品》等經文，文殊師利菩薩和他的一萬眷屬於此居住，並於此演說無上甚深微妙的佛法。

五台「左鄰恒嶽，秀出千峰；右瞰滹沱，長流一帶；北陵紫塞，遏萬里之煙塵；南擁中原，爲大國之遮蔽。」（明鎮澄《清涼山志》）其五座主峰巍然矗立，傲視蒼穹。北台葉斗峰是華北地區最高山峰，被稱爲「華北屋脊」。

文殊菩薩的剎土，以世間任何語言都很難描摹。比如在極樂國度，花香寶樹，珍池德水，殿宇樓台，都是阿彌陀佛法身妙智所現，具足恒沙功德。五台清涼聖境亦然，其功德遠非凡智所能度量。

凡夫妄識很難窺見淨土的景致，更不用說以淺薄文思詳盡描摹了。而五台山，即便在凡夫俗子的眼簾中也呈現出了超脫凡俗的浩然景象。明朝僧人鎮澄應塔院寺主持圓廣之請，撰修了五台山第一部比較完整詳實的誌書——《清涼山志》。其中這樣描述：「縈紆盤據，無非梵行之棲；隱顯環幣，盡有眞人之宅。雖寒風勁冽，瑞草爭芳；積雪夏飛，名花競發。白雲凝布，奪萬里之澄江；杲日將昇，見一陂之大海。此其常境也。」眺望五台穹頂，千峰相連，綿延無際。在群山巍峨懷抱、雲嵐幽然繚繞之中，清泉細流湍出，嘉木瑞草妝點，寺宇樓閣散佈其間，佛塔殿堂綻放清奇異彩，盡漢唐遺風、宋元古韻、明清情致，一派佛國氣象，圓融無礙。

與極樂淨土相若，五台具足了七寶蓮池和八功德水。滹沱河與清水河發源於此。此地山山有靈泉，如：清涼泉、甘露泉、卓錫泉、龍泉、玉泉、般若泉等；潤潤有溪流飛瀑，匯聚而成池，如：黑龍池、太華池等。五個台頂都有天池，池水似明鏡般澄澈碧透。

五台的山體地質古老。地質學的研究表明，北台頂地質構造的絕對年齡二十五億年以上。流轉的時空中，五台巍然不動，似乎從未改變，在這靈山淨土，永恆彷彿剎那。

五台萬壑競秀，崇山峻嶺之間形成眾多的峽谷，皆收攝瑞氣，吞吐祥雲，清幽莫測，如：紫霞谷、華嚴谷、鳳林谷等。此外，五台的石窟岩洞可謂窮微極妙，難以測度，如：羅延窟、金剛窟、佛母洞和觀音洞等。

於斯地，一切皆是文殊菩薩法身妙智所現，所以隨眾生心，應所知量，有無邊的妙用。見聞接觸，無不清淨業障，增益道心。於斯地，無須高深的修證就可以對禪門偈語有所領悟：「鬱鬱黃花無非般若，青青翠竹盡是法身。」

在五台，內教各流派和諧發展，源遠流長，可謂漢藏交融，顯密並存。其間高僧代出，這裡不再贅述。然而不能不提的是法王如意寶晉美彭措（以下簡稱法王）。

法王是過去佛之化身、未來佛之源泉、現在佛之補處，十方三世諸佛智悲的本體、三寶總集、五濁黑暗中一切眾生的怙主、一切成就者之王。他與文殊菩薩，與五台山有著極其殊勝的因緣。

一九八七年，春暖花開的時節，有一萬名弟子追隨法王的腳步，一同來到了五台山。布穀鳥於秀麗枝頭唱歌的時候，法王在這裡爲弟子們廣傳妙法。隨後在善財洞閉關時，法王現量見到了文殊菩薩。其後在那羅延窟，法王晝夜置身光明境界中，他的智慧心裡自然流露出《文殊靜修大圓滿——手中賜佛》等法要，如甘冽清泉潤澤眾生。亦是在這裡，法王如意寶撰寫了很多發願文與道歌，其中的大部分如今已經成爲佛弟子們每天念誦的功課。時至蕭瑟秋風起，枯黃落葉飄的季節，布穀鳥飛走了，法王如意寶也返回了雪域高原。他自在平緩的步履一如往昔，而與來時不同的是，追隨法王如意寶歸藏的弟子中多了不少漢僧。他們和法王如意寶一起回到了色達喇榮五明佛學院，這在歷史上從未有過。自此以後，五湖四海的漢地修行者絡繹不絕地走入色達喇榮五明佛學院，依止法王，精進地聞思修持浩如煙海的顯密教法。正如祖師們所授記，法王如意寶弘法利生的事業驚天動地。如今，五明佛學院早已是佛法再弘之重鎮。法王三十餘年來傾盡心力培養的弟子們，正承續著法王利益眾生的不朽事業。

大恩根本上師希阿榮博堪布（以下簡稱上師）在喇榮五明佛學院聞思修行二十多年以後，於德格玉隆地區建立了扎西持林寂靜地。作爲他的弟子，我對法王如意寶有著無上的信心，因而與文殊菩薩有著殊勝的因緣。五台山，一直是我心中最嚮往的地方。《月燈經》上說：「哪怕只是朝著五台山的方向走七步，也有很大的功德。」更何況這一次，我們是循著法王如意寶的芳轍，追隨希阿榮博堪布仁波切的步履，來朝禮文殊師利菩薩。在上師身邊，透過聖者沒有執著和分別的心，我們感悟五台山的一切，無論是幽微的花草，還是壯闊的山河，都空靈澄澈、自在靜謐。

一路隨行，風過若菩提，水流似眞諦，上師爲弟子們講解甚深法要並賜予了諸多與文殊菩薩有關的灌頂和傳承。依上師教言，弟子們在這裡虔敬地發願圓滿普賢行願，一遍又一遍。當上師講述法王的故事、感念法王和大圓滿傳承祖師的恩德時，師徒們往往一起哽咽動容，揮灑清淚。在這裡，我們一邊護持自己的心念，一邊聽著上師慈愛地反覆叮嚀：「在聖地一定要時時觀清淨心，認眞發願。一定要保持內心很安靜。師兄之間一定要團結和睦，不要生起煩惱。」

感動無法盡述，融化在每位弟子的心間，便是楊枝甘露。點點滴滴中，上師的加持無處不在。此番聖境之棲，每一個弟子的感受可能不盡相同，卻都無時無刻不在清淨業障、增益信心。

第一天

藏曆水龍年五月十三日

陽曆二〇一二年七月一日

合懷鎮地處由五台山五大高峰東台、西台、南台、北台和中台形成的環抱之中，故名「台懷」，五台山的佛教寺院有一半以上集中在台懷鎮

旅遊小資訊

朝拜佛門聖地的注意事項

1. 五台山是佛門聖地，進入寺院、佛殿以及在佛塔旁均不宜抽菸、喧嘩、接打電話、嚼口香糖、打鬧嬉戲等；

2. 服裝鞋帽以整潔為宜，入佛殿不宜穿過於暴露、隨意的服裝；

3. 右繞是佛門傳統，轉繞佛塔、佛像時應順時針而行；

4. 化學香會污染空氣，盡量不請購；點香時可用手煽滅明火，不宜用口吹；

5. 敬香時平行地面舉至齊眉，可防止垂直持握時香灰掉落燙傷手臂；

6. 不批評佛像莊嚴與否，提到某尊佛像時可以手掌示意，不宜用手指直指；

7. 有人磕頭禮佛時，盡量不從其前經過及正面站立；

8. 寺中諸物不宜亂動，尤其鐘鼓等法器，寺中水果、植物等不可隨意摘取；

9. 出家人的飯食為十方善衆所捐，容許遊客在寺內用餐乃佛門的慈悲方便，享用飯食之餘自不應忘記隨心供養。

如何去五台山

1. 自駕：北京至五台山已開通高速公路，長約三百四十公里，駕車約需四小時。太原到五台山二百三十公里，駕車約需三小時。七、八兩月旅遊旺季時，自駕車一般不允許進出五台山，須停在山下停車場，然後換乘景區交通車進山。

2. 巴士：北京六里橋長途汽車站每天上午至少有一班大巴直達五台山景區，並且隨季節不同會增開一～二班次，票價約人民幣一百四十五元，車程約五小時。太原客運東站每天7：00～15：30

旅遊小資訊

有多班大巴直達五台山景區，其間根據人數發車間距半小時到一小時不等，票價約人民幣六十六元，車程約四小時。

3. 火車：目前有始發北京、太原等地的多班普快列車經過五台山火車站。北京到五台山的火車通常在深夜或凌晨到達。太原站每天三班發往五台山的火車，時間是：7：08、19：30、22：05，車程三點五～六小時不等，硬座票價是人民幣十五點五～三十七點五元。五台山火車站在繁峙縣砂河鎮，距離五台山風景區還有五十四公里，火車站廣場前有去台懷鎮的巴士，票價約人民幣二十五元／人，約一點五小時車程。

五台山旅遊季節

五台山旅遊多集中在夏季，尤以七、八月為佳。夏季非常涼爽宜人，沒有明顯的春秋季，冬季漫長而寒冷，通常十月便開始下雪直至次年四月。冬季進山需注意路面積雪，並提前關注道路交通報導。

塔院寺

塔院寺位於五台山佛教中心區台懷鎮，原是大華嚴寺的塔院。明成祖永樂五年（一四〇七年）擴充建寺，改用今名，是五台山五大禪林之一，也是青廟十大寺之一。塔院寺坐北朝南，由橫列的殿院和禪堂僧舍組成。殿堂樓房一百三十餘間，占地面積一萬五千平方公尺。

大白塔

大白塔全名為釋迦文佛真身舍利塔，座落在塔院寺內，而塔院寺也因此得名。大白塔是五台山的一大標誌，也是五台山的象徵。

藏經閣

藏經閣在大白塔北側，是一座木結構建築，內有用漢、蒙、藏多種文字所寫的經書兩萬多冊。其中宋至清乾隆年間兩千多冊經卷為善本，是五台山佛教的經典寶庫。

塔院寺

藏經閣

大白塔

行程1 五台山的著名標誌

大白塔

走入台懷鎮，從很遠的地方就能夠看到一座大白塔，塔身拔地而起、淩空高聳，在五台山群寺簇擁之下頗爲壯觀。站在菩薩頂上觀望白塔四周，寺廟樓閣鱗次櫛比。塔院寺正因此塔而得名。

白塔通高七十五點三公尺，是五台最高塔，常被看作五台山的標誌。塔內安放著阿育王所建的文佛舍利寶塔。下層供有文殊、觀音、普賢、地藏四位菩薩。環繞塔基的四周建有四個大的法輪和一百一十五個小的法輪。塔頂有風磨銅寶瓶，高五點四公尺，歷經幾百年風霜雪雨，愈發顯得潔淨澄亮，在陽光下熠熠生輝。

白塔身形周正優美、俊逸莊嚴，端坐於千年無涯的時間裡，聳立在萬里無際的天地間，自有一種「慧無能勝、力無能屈」的力量。讓人一眼見到它，就會心生感悟：「塔影浮天梵宇淨，鳥聲出谷暮雲閑。」

上師說：「這是印度阿育王所建的佛舍利塔，當時的塔很小，歷代不斷擴建達到今天的規模。旁邊還有文殊髮塔，特別殊勝。」

大白塔始建於何時，目前已難以稽考。據《清涼山志》載，此

塔院寺是希阿榮博上師此次朝禮五台山到達的第一處聖跡

塔在漢明帝以前就有了。西元前四八六年，釋迦牟尼佛滅度後形成八萬四千個舍利子。古印度阿育王用五金七寶鑄成了八萬四千座佛舍利塔，分佈於大千世界中。中國有十九座，五台山獨得其一，被稱爲慈壽塔。據說，東漢明帝時，西域僧人摩騰就是看到五台山台懷之地似佛祖說法之靈鷲山，且此地已有一佛塔，才奏明漢明帝在五台山修築寺廟的。由此可知，佛舍利塔，建造於五台山興建佛寺之初。北魏時，顯通寺稱「大浮圖寺」，意即大塔寺，可見大白塔起碼在北魏時期已聳立於五台山了。現存大白塔，據專家研究，始建於元大德六年（一三〇二年），由尼泊爾匠師阿尼哥設計建造，因塔的形制爲覆缽式的尼泊爾大白塔，俗稱大白塔，以前的慈壽塔置於大白塔腹中。該塔工程之大，建造之難，爲五台山首屈一指。建成後，最初作爲顯通寺的塔院，明永樂五年（一四〇七年），永樂帝重修此塔，並獨立起寺。此後又經歷代修葺，終成今日模樣。

大白塔的後面就是藏經閣，藏有漢、藏經書兩萬餘冊，是五台山佛教的經典寶庫。這裡是一九八七年四月法王如意寶帶領弟子們念誦近二百萬遍《普賢行願品》的地方，法王當時的法座就在藏經閣的台階之上，而希阿榮博堪布仁波切當時就坐在法王身邊。

在塔院寺供燈

時光飛逝，轉眼即是二十五個春秋。二〇一二年七月一日，希阿榮博上師第三次朝禮五台山，此次朝聖第一天的午後，上師帶著慈悲的笑容，邁著輕盈的步伐走來，彷彿是踏在蓮花上。他帶領弟子們頂禮法王如意寶當年坐處，獻上白色哈達，念誦法王如意寶祈禱文。此刻的上師專注寧靜，完全沉浸在對法王如意寶的思念中。

作爲朝聖第一站，上師選擇來到這裡，帶領我們念誦《普賢行願品》，一起發願弘法利生，有著殊勝的意義。

在《寂靜之道》中，上師這樣說：「由於往昔的願力和因緣，諸佛菩薩在眾生面前的顯現各不相同。普賢菩薩的顯現是行願第一，他發下十大願王，從禮敬諸佛到普皆迴向，是一切欲求無上佛果的學佛人必須行持的殊勝法門。法王如意寶曾經說過，如果一個修行人每天念誦一遍《普賢行願品》的話，他的人生可以說是非常有意義的。」祈願我們能夠生生世世追隨上師，圓滿如海一般廣博深邃的普賢行願。

對於普賢行願的境界，上師也曾這樣說：「內心眞、善、美到極致的表現，正是普賢十大願王所描述的境界。雖然我們還沒有親證那不可思議的境界，但對證悟者的淨見量我們有堅定的信解，日日受持、恒不忘失普賢行願，以爲引導，一步步回歸自性的萬德莊嚴。」

誦完《普賢行願品》，供燈開始了。頃刻之間，文殊心咒的念誦聲迴蕩在整個寺廟，嬉鬧的孩子們安靜下來，弟子們則靜心凝神。在塔基和藏經樓的台階上，在大白塔和經樓中間的香爐周

1987年4月，法王如意寶朝禮五台山時的留影

二十五年後，希阿榮博堪布在塔院寺法王如意寶當年講法的地方敬獻哈達

圍以及空地上，在我們目光所及的所有地方，一盞又一盞酥油燈被點燃了。對於一個修行者來說，供燈有著非同一般的意義。燈光象徵著般若智慧，它的光明可以驅散眾生的無明黑暗。供燈人可藉此迴向增長福慧，生生世世能值遇佛法，聞思修行。

在色達喇榮五明佛學院，法王如意寶每天都堅持在經堂裡供三千盞酥油燈，日復一日，年復一年，二十餘載，從未間斷。尤其在普賢雲供法會中，其供燈數量多達幾萬盞。

此時，上師神情專注，舉手投足卻像一位少年般敏捷。他蹲在一旁，懷裡揣著一包油燈，一邊念誦著文殊心咒，一邊很快地點燃了一排排的油燈。在這星星點點的燈火中，上師第一次來到五台山的身影浮現在弟子眼前。那時的上師穿著滿是補丁的僧衣，生活極其簡單淳樸，卻歡樂無憂、寧靜莊嚴，心懷天下眾生。那時，年輕的上師除了供養法王如意寶外，把所有的錢財都用來供燈了。

回憶法王如意寶

在塔院寺，上師深情地回憶法王如意寶與文殊菩薩的殊勝因緣：

「由於殊勝的因緣，法王如意寶對文殊菩薩的信心不可思議。

「在法王爲救度有情而慈悲應化的無數次轉世中，他示現了各種不同形象。曾經一世法王轉爲善財童子，在文殊菩薩面前發無上殊勝菩提心，並得到文殊菩薩指引，參訪了一百一十位善知識後圓滿了無上菩提。法王上師在學院講課時經常說：『要離開的時候，我沒有什麼執著的，最捨不得是在往生四因的攝持下和僧眾們一起念誦《普賢行願品》。念誦《普賢行願品》的功德非常大，眞正心清淨的話，念誦一遍的功德和去拉薩朝聖的功德是一樣的。』

「法王依然能夠憶起，他的前世大悲鎧甲曾與文殊菩薩化現的智慧鎧甲前往雞足山看望無著菩薩的情景。

「在雪域藏地，諸教派共稱全知米滂仁波切是文殊菩薩化身。當法王如意寶轉生爲格薩爾王的大臣丹哲葉吾布美時，他的父親丹瑪正是米滂仁波切的前世。所以在前幾世中，米滂仁波切和法王曾爲父子。法王十五歲時誦米滂仁波切所造《直指心性》，每誦一遍《直指心性》就念誦米滂仁波切祈禱文一百遍。當法王至誠念誦祈禱文一百萬遍時，他證悟了大圓滿。法王曾說：『凡是我的傳承弟子，乃至得到點滴之成就，如於三寶生起剎那信心，皆來自於全知上師米滂尊者的加持與恩賜。所以我的弟子，皆當於全知上師生起不共不退之信心，應當晝夜精勤祈禱求加持。』

「龍欽巴尊者、宗喀巴大師和薩迦班智達是藏地三大文殊菩薩的化身。法王曾於淨相中親見他們。

「一九八五年冬，當時法王正爲學院數以千計的弟子傳授《大幻化網》密續。一日，於法王閉目沉思時，無垢光尊者與耶謝措嘉佛母飄然降落，賜予他《大幻化網》的甚深灌頂。之後，法王於智慧中自然流露出《大幻化網》灌頂儀軌，法王口述，由我筆錄。由於此儀軌較長，口述與筆錄持續了數天。此後，法王爲海內外弟子賜予《大幻化網》灌頂時所用的均是此儀軌。

「一九八六年七月二十日，法王正安閒地坐在床榻上，宗喀巴大師忽然降臨在他的面前。他給法王傳授了《三主要道》並微笑著說：『我如今在至尊彌勒菩薩座下名爲文殊藏，你的弟子中若有人背誦《三主要道》法要，受持八關齋戒，以法性力的加持，一定可以轉生到兜率天。將來在我成佛爲獅子吼如來時，當是我的眷屬。』

「法王在石渠求學的時候，薩迦班智達在光明夢境中顯現，爲他傳授了《文殊眞實名經》並賜予殊勝加持。醒來以後，法王對顯密一切法要無所不知，因明等所有問題都迎刃而解。

由於法王如意寶淨相中親見三位祖師的殊勝緣起，致使藏傳佛教中鼎足而立的格魯、薩迦、寧瑪等各大教派友好和睦。

「在尼泊爾期間，法王曾經精進念誦文殊讚偈頌：『一心一意而祈禱，遍知文殊金剛尊，賜予殊勝之加持，智慧融入吾相續。』當圓滿三十萬遍的那天，人們看到從夏絨卡秀塔的塔頂放射出一道白光，直照射到法王的房間。這讓尼泊爾信眾們對法王生起了無上的信心。

「一九八六年法王如意寶發願，爲度化芸芸眾生，願將佛法的甘露灑向漢地。因漢地是文殊菩薩應化的道場，法王準備朝禮五台山。朝聖的緣起在同年爲六千餘名僧眾灌頂時已顯現。在《文殊幻化網》的灌頂中，念誦到迎請儀軌時，法王突然從法座上騰空而起，爾後又徐徐落到法座上，入定良久後，法王平靜地對弟子們說：『剛才，在我感覺之中，五台山的文殊菩薩和毘瑪拉密札親自來此迎請我們。我從現在開始與漢地眾生結緣以度化他們。以後我們學院可能會有許許多多的漢族弟子前來求法、修行，並將顯密佛法弘傳到世界各地。』

「爲朝禮五台山做準備，法王在許多場合發起念誦文殊心咒，很多弟子發願念一億遍，總數有幾千億之多。那一年我二十四歲，回到自己的家鄉，也發起大家念誦心咒，總數有兩百多億。念文殊心咒可清淨業障、消除違緣、增長智慧。法王一九八七年的朝聖非常圓滿，對佛法再弘起到了不可思議的作用。

「一九八七年法王如意寶蒞臨五台山時正值春天，其時和風吹送，春色滿園。四川、青海、西藏等地的一萬多名藏族弟子自發追隨法王而來，他們的紅色僧衣滿山遍野。不用說在尚未開放的年代裡不可能，這在歷史上也從來沒有過。

「佛經上說，五台山是文殊菩薩與其眷屬諸菩薩眾一萬人常轉法輪之地，而一九八七年法王朝聖，並未提前報名或者計畫，自發地從各地追隨法王腳步而來到五台山的弟子和信眾也是一萬人，這裡應該有法王他老人家的甚深密意。

「法王如意寶的功德不可思議，他就是有這樣的氣勢和力量，爲了利益眾生，總是奮不顧身、不畏艱難，總能夠行人所不能行，總能開創性地去完成歷史上沒有過的事情。法王在《願海精髓》中寫到：『未來導師九百九十六，於此剎中示現成佛時，恒時隨行願成勝弟子，願獲廣弘事業威猛力。』他確實具有這樣一種力量。

「就是在塔院寺，法王如意寶帶領一萬弟子與信眾念誦近二百萬遍《普賢行願品》，這在五台山的歷史上沒有過。法王如意寶於此發願：『凡是與我結緣的眾生都往生極樂世界。』

「很久以前，蓮花生大士的化身菩提金剛有這樣的授記：『單堅阿拉木天喇榮溝，鄔金蓮師化身名吉美，彼於菩薩四眾眷屬中，廣宏顯密教法如明日，利生事業頂天立地也，清淨所化眷屬遍十方，凡結緣者皆生極樂剎。』法王如意寶在塔院寺發下的宏願和菩提金剛的授記沒有任何差別。

「五台山留下了很多法王如意寶的足跡，特別是在善財童子洞、羅延窟以及小黛螺頂等殊勝的地方，法王日日夜夜都在光明境界中，他現量見到文殊菩薩，得到文殊菩薩的加持，從智慧心中流露出殊勝的法要有很多：《親見文殊菩薩發願之金剛道歌》、《忠言心之明點》、《文殊寂靜修法傳承祈禱文——信心妙藥》、《文殊寂靜修法大圓滿儀軌——速賜加持》、《極密續注釋——文殊教言》、《童子歡慶會之歡喜歌》、《生生世世攝受願文》、《舉一反三童子戲》、《開顯教誡取捨文》、《祈禱加持日光文》、《文殊靜修分支大圓滿引導文——手中賜佛》、《文殊靜修分支增長智慧丸之修法儀軌》以及《妙音佛母之修法儀軌》等。

「朝拜五台山是法王如意寶在漢地弘揚佛法的開始，在五台山的一百多個日日夜夜裡，法王爲漢、藏、蒙四眾弟子傳授了《七寶藏》等諸多甚深顯密法要。同時爲了利益未來的眾生，又將許多伏藏品交付予護法神或者以種種方式隱藏於此，等未來有緣者來開取。

「念誦《普賢行願品》時，法王如意寶的法座在這裡，我當時就在旁邊。這次我的弟子們來到五台山一定要好好發願。第一、發願今生乃至生生世世不傷害任何眾生。第二、發願自己和自己結緣的所有眾生能夠脫離苦海往生西方極樂世界。這兩個發願非常重要。

「此外，朝聖期間，每一個弟子都要護持好自己的心念，圓滿念誦文殊心咒十萬遍。」

在上師身邊經常受到薰染的緣故，追隨上師的弟子們都對法王如意寶有著無上的信心，大家雙手合十，歡喜發願。《宣說文殊剎土功德經》中有云：「諸法依緣生，住於意樂上，何者發何願，將獲如是果。」

落日西沉，天色漸暗，晝光幻作晚景。不知不覺中一輪皎潔明月已然升起在大白塔的上方。法王爲上師點燃的智慧明燈，上師今天又爲我們點燃。這看似微弱的燈火在風中輕輕搖曳，卻將永遠照耀著我們千萬里修行之路。如《維摩詰經》所言：「一燈燃百千燈，冥者皆明，明終不盡。」

如是，上師一點一點爲我們播撒下菩提的種子，根植在弟子們的心田，這些種子一定會發芽，長大。銀色的月光如水。上師帶領我們一邊持誦經咒一邊轉繞佛塔，圓滿了第一天的行程。

希阿榮博上師帶領弟子們在塔院寺供燈、發願

第二天

藏曆水龍年五月十四日

陽曆二〇一二年七月二日

希阿榮博上師在東台那羅延窟前為弟子們傳法灌頂

旅遊小資訊

那羅延窟

五台山佛洞，東台靈跡之一。那羅延，意譯有天上力士、金剛等意思。清人高鶴年著《五台山遊訪記》載：「從東台頂東下數百步，那羅延窟，古稱靈跡。其內寒風凜冽，盛夏有冰，吐納雲霞，或燈光時出。」是五台山少有的殊勝之地。

東台（望海峰）

東台位於台懷鎮東十公里，海拔二千七百九十五米，面積一百餘畝，台頂曾建有望海樓。夏日天氣晴好時，黎明登臨其上，可見雲海盡頭的紅日噴薄而出。中國佛教協會會長、詩人趙樸初，一九八一年登臨東台時曾即景詠詞：「東台頂，盛夏尚披裘，天著霞衣迎日出，峰騰雲海作舟浮，朝氣滿神州。」

望海寺

望海寺是五台山東台頂上的寺廟。到望海寺最值得一做的事是登上望海樓，極目遠望。正如古人所說的那樣：登上東台頂，極目到海瀛。東台日出是五台山的一大自然景觀，歷來吸引著無數人登山朝日。

北台（葉斗峰）

北台是華北地區的最高峰，素有「華北屋脊」之稱。北台的妙處在於觀雪，每年的農曆八月起，這裡就開始下雪。台頂氣候異常寒冷，通常九月見雪，四月解凍，台背陰面有常年不化的冰雪，稱之為「萬年冰」。

靈應寺

靈應寺位於北台頂，創建於隋代，主供無垢文殊菩薩。寺後龍王殿東的隱峰塔是北台頂一大靈跡，是為紀念唐代高僧隱峰禪師而建的。這裡是總覽台懷腹地風光的最佳位置。有些台懷附近的居民和外地遊客都特意安排在農曆九月九日登臨靈應寺，然後在南天門放風馬，祈求時來運轉，吉祥如意。

金剛窟

金剛窟在台懷鎮花坊村後的樓觀谷左崖畔。據說它與北台頂的天井相通，是五台山最神秘的一個地方。據說文殊初來五台山時，就把三世諸佛供養之具，楞伽鬼王造的天樂一部及金紙銀書毗奈耶藏、銀紙金書修多羅藏，都藏於此。可惜，金剛窟在一九六八年被炸毀，在原址旁興建了「茅蓬山莊」。

那羅延窟

望海寺

北台（葉斗峰）

靈應寺

金剛窟

東台

那羅延窟

那羅延窟是文殊密宅，在東台頂下不遠的半山腰處，海拔二千七百六十九公尺。那羅延，天力士名。有堅固不可摧、金剛不壞而具大力量之意。傳說那羅延窟和金剛窟是相通的。《清涼山志》卷二云：「其內風氣凜然，盛夏有冰。吐納雲霞，或燈光時出。華嚴云，是菩薩住處，亦是神龍所居。曾有異僧，入而不出。」鎮澄心目中的那羅延窟清虛靈動，幽寒玄妙：

石窟開岩畔，靈蹤接上方；
雲霞常出沒，神物自幽藏。
冷積千年雪，虛明五夜光；
東南觀海岱，煙水思茫茫。

蔚藍的天空如洗，遠遠地就能看到洞口的五彩經旗。從台頂到那羅延窟有六百六十六公尺吉祥路，上師拉著達瓦嘉措活佛的手緩步走下台階，隨後帶領弟子們來到了洞口前開闊的空地上。這裡有一尊白色的文殊菩薩像，手持寶劍，注視著前方層層疊疊的峰巒，彷彿守望著永恒，如如不動。洞口上方是法王如意寶和列繞林巴上師的像。上師凝視著法王的像，顯現上非常歡喜。其時藍天白雲，和風吹送，經幡飄舞，讓人莫名感動。上師還未開口，我的眼眶卻已濕潤，雖然在末法年代，我們卻如此幸運。弟子們自覺迅速地圍繞過來，和上師一起念誦《八聖吉祥頌》和《大自在祈禱文》。念誦聲中，圖滇喇嘛和聰達喇嘛已經進入洞中，爲洞中的諸佛菩薩像上香、供水、供燈。

上師並未著急進入那羅延窟，而是站在這塊空地上，爲弟子們開示那羅延窟的殊勝：

「佛經記載，印、漢、藏公認，五台山是沒有爭議的清淨刹土——文殊菩薩的道場。釋迦牟尼佛祖在《華嚴經》中說過，文殊菩薩就住在五台山。那羅延窟是《大方廣佛華嚴經》明確授記文殊菩薩安住的山洞，是文殊菩薩長期與金剛手菩薩等一萬菩薩轉法輪的地方。凡夫會有疑惑，這麼小的山洞怎麼容納一萬菩薩。一個小小的微塵可能容納無數的淨土，凡夫無法看到；我們這個小小的範圍也有無數的空間，所以你們一定不要有疑惑。

「一九八七年法王如意寶莅臨五台山，來到了這裡。那羅延窟『風氣凜然，盛夏有冰』。即使在最熱的季節，裡面的溫度也很低。現在是七月，外面陽光燦爛，非常溫暖，而在洞窟裡面我們可能五分鐘也呆不住。而八七年春天，法王他老人家在窟內閉關了整整十四天，非常不可思議。法王親口說過：『在此期間，我日日夜夜都處於光明境界之中。』

「《文殊靜修大圓滿引導文——手中賜佛》等法要就是法王在那羅延窟時，於光明境界中流露出來的。寫下來之後，一個字也沒有修改過。此後法王兩次在這裡賜予弟子們《手中賜佛》的傳承。法王在五台山期間所做的大部分金剛歌，包括《生生世世攝受文》等都是在這裡完成的。法王如意寶最重要的兩個心子，嘎巴堪布和晉旺堪布也在這裡爲其他弟子傳講了無垢光尊者的《七寶藏》。

「大家一定要認眞地發願。到了文殊菩薩的道場，一定要觀清淨心。佛經記載，大家來到五台山一定可以見到文殊菩薩。但是文殊菩薩以什麼形式顯現我們卻不知道，所以觀清淨心非常重要。

「薈供以後，我會給你們傳授文殊身語意灌頂。原來我的願望是在這裡傳講《文殊靜修大圓滿》的灌頂和竅訣，這次人比較多，時間也倉促，沒有辦法完成。

「賓濵活佛、亞瑪澤仁活佛，還有達瓦嘉措活佛連夜從藏地趕來。很多高僧大德一生的願望就是能夠來這裡朝聖。大家來了就一定要珍惜。我們做薈供的時候，你們一邊供燈，一邊好好地發願，在那羅延窟這樣殊勝的地方，一定會得到不可思議的加持。」

在那羅延窟供燈

末法年代，慈悲的上師沒有捨棄我們。他來到我們中間，示現在弟子們眼前。那羅延窟洞口，上師耐心細緻的開示中有一種特別的力量，讓所有的弟子歡喜、感動，信受奉行。一定是因爲感念和文殊菩薩無二無別的上師對我們的恩德，淚水掛在不少弟子虔敬的臉上。

上師在微博中曾經說：「很多人都有這樣的經歷：在佛像前，念經時，憶念上師三寶，或者生起眞誠的慈悲心之時，會情不自禁地流淚。法王如意寶以前常常說，憶念上師三寶的功德與恩德，以及眾生的痛苦和無奈，發自內心地哪怕只流下一滴眼淚，也會清淨往昔無數的惡業。這就是信心、慈悲心的力量。」

在朝聖的六天中，跟隨在上師身邊的很多師兄日日皆會落淚。五台山雖是清涼世界，山上紫外線卻很強，以至於防曬霜幾乎不能發揮效用，很多師兄的臉都被曬得脫皮了。於是，時常可以看到師兄們被太陽灼紅的面龐上掛著晶瑩的淚珠，在陽光下閃爍。這時的我，內心裡非常隨喜他們。

「帕巴將華雲呢傑巴拉香擦洛……。」在《普賢行願品》的念誦聲中，上師手執哈達，來到洞外文殊菩薩像前，朝著文殊像和洞口頂禮後移步洞中。弟子們也跟隨著上師在洞外頂禮。

那羅延窟呈狹長形延伸，不是很高，上師身姿挺拔，經常需要稍稍彎腰。地上簡單地鋪設了一些磚塊，隨意但並不淩亂。洞窟兩側是諸佛菩薩和密宗傳承祖師的漢白玉佛像，最裡面是普賢王如來，而文殊菩薩、蓮花生大士和法王如意寶像陳設在離洞口不遠處。洞內，一盞盞供燈搖曳生輝，光亮相互接應，氤氳成一片光的柔波，映照著白色的哈達、彩色的經幡與鮮花。石壁潮濕潤澤，雖是夏日但卻涼爽得沁人心脾，棱角起伏處偶見夾雜的泥土，光潔平滑處則不斷滴下甘露。洞的盡頭有些隱隱的光亮，斜照在凹凸不平而又濕潤的岩壁上，隨視線而律動，好像夜幕遠天閃閃的星光。這是凡夫俗子眼裡的那羅延窟。而在沒有分別的成就者看來，正如上師在開示中所說：「一個小小的微塵可能容納無數的淨土，這裡就是文殊菩薩和金剛手菩薩等一萬眷屬常轉法輪的地方。」

「言語道斷，心行處滅」，那羅延窟的殊勝是超越語言表達的。

上師在洞窟左側離洞口不遠的佛像旁坐下，和隨行出家僧眾一起修法、安住並做文殊薈供。上師和僧眾們所修《文殊寂靜修法傳承祈禱文——信心妙藥》和《文殊寂靜修法儀軌——速賜加持》都是法王在那羅延窟於覺性界中無勤顯現而撰著。《續規文殊寂靜薈供儀軌》是法王依文殊怙主上師（即米滂仁波切）諦實語而撰著。這些儀軌都被收錄在《顯密念誦集》第二冊。

一個簡易的紙箱充當了上師擺放經文的桌子。漢白玉的佛像前面，端放著法王的照片，前面供著一個小小的白色朵瑪、些許飲用礦泉水、幾盞油燈和上師爲法王金剛心特製的金盒。

上師手持鈴杵，薈供間偶打手印，極其柔和，溫潤優雅，透露出內在的沉靜、祥和與力量。上師「語言清淨，音聲和美」，所以他念誦經文的聲音非常好聽，遼遠而深邃。在薈供中，上師曾長時間地安住。有時上師會從洞中石壁上取下些許潮潤的泥土，放入自己嘴裡，也分給隨行僧眾。

弟子們則依上師教言，在洞外念誦《普賢行願品》，一邊發願，一邊供燈。這時，有一個活潑可愛的小寶貝兒抱著很多酥油燈，跑到一個可以稍微避風的地方，認眞地點起來。有師兄慈愛地問：「小師兄，你多大了啊？」他揚起小腦袋，自豪地說：「阿姨，我四歲了。」這是此次朝聖最小的隨行弟子，雖是不諳世事的孩子，卻對上師三寶具足信心。

傳授文殊身語意灌頂

那羅延窟外，峰巒疊翠，隱約一直綿延伸展到不著邊際的遠方，與天相接，與雲相銜。清涼聖境，蒼穹無垠，置身其間，恍然融入湛藍深邃的虛空，有一種獨立於世界盡頭的蒼茫曠達之感。

薈供結束後，弟子們隨上師一起來到窟外空曠之地。那裡有若干紅磚堆砌成壘，約有兩公尺高，是上師天然的法座。上師端坐在八吉祥的傘下，僧眾圍繞在周圍。藍天白雲下，朱紅色的磚

希阿榮博上師帶領弟子們在那羅延窟內舉行文殊菩薩薈供

薈供結束後，希阿榮博上師為弟子們賜予文殊菩薩灌頂

映襯在綠植遍野的山坡前，非常好看。曾經聽說，一九八七年法王如意寶在五台山小黛螺頂傳法時也是坐在一個石頭堆砌起來的法座上。

上師開示，如是我聞：

「很多人提到過在貝瑪策旺法王祈請下，法王如意寶掘取的伏藏『文殊菩薩身口意的灌頂』特別殊勝。大家應該知道，祈請的人貝瑪策旺法王是寧瑪巴再弘時期最偉大的上師之一。今天在那羅延窟這樣殊勝的地方，我給你們傳授這個灌頂。

「那羅延窟是法王如意寶閉關十四天，在光明境界中，取出《文殊靜修大圓滿——手中賜佛》的地方，非常殊勝。我最大的願望是到這裡來給大家傳授法王境界之中流露出來的《文殊靜修大圓滿》的修法儀軌、灌頂和竅訣。但是這次時間不夠，人也比較多，所以沒有辦法傳。將來一定會傳給大家。

「希阿慈誠、扎西旺秋和圖滇在上海治療，他們周圍的人各別也知道了這個消息，因爲這個緣起也一起來到五台山。還有達瓦嘉措活佛、賨滇活佛、亞瑪澤仁活佛也是連夜趕到了這裡。我們能和他們一起發願非常殊勝。

「成都的弟子們整理《顯密念誦集》，校對排版特別辛苦，差不多兩、三個月的時間裡都是晚上三點以後才休息。《顯密念誦集》最主要的翻譯是由希阿慈誠法師完成，我的傳記很多也是他翻譯的。我多次提起，希阿慈誠法師、扎西旺秋、聰達喇嘛和圖滇，他們都是修行很好、戒律特別清淨的修行人。有他們和我們一起共同發願，特別殊勝。」

接下來，上師爲弟子們傳授文殊身語意灌頂。在進行到意灌頂時，上師感念法王對眾生的恩德，一度哽咽，弟子們也無不泣下，隨後觀想眼前的「阿」字融入虛空並和上師一起安住。時間好像在這一刻凝固了，弟子們的內心充滿了感動，感動中隨上師一起安住。之後眼前的外境如夢幻般一一呈現，這時我們很難分清楚在作用的是上師的心還是自己的心。上師的心如此柔軟慈悲。頂禮大恩根本上師！

在上師心中，法王如意寶是眞正的佛。上師曾經教導我們說：「上師與弟子之間關鍵的是心靈相契，無僞的信心可以穿越時間、空間，而成就者的加持無所不在。當我們逐漸敞開心扉，學會恭敬而親密地對待周圍的一切，與己、與人、與世界不再頻發衝突，我們會明白：這份單純坦白是上師手把手教會我們的。」

上師對法王無比的信心與甚深的敬愛之情貫穿朝聖始終，每一個弟子都爲此深深感動。透過上師沒有執著和分別的心的示現，我們感受和親歷這點點滴滴，領悟並學習如何敞開心扉，建立無僞的信心，眞正「視上師爲佛」。

上師接著開示道：

「《顯密念誦集》在《喇榮課誦集》的基礎上，從《法王如意寶全集》和《全知米滂仁波切全集》中挑選了很多適合當代修行者的顯密法要，含攝了上師、本尊、空行、護法的修法儀軌，也包含很多伏藏，例如：《蓮師七品》、《度母四種曼達》等。其中也有代代手抄相傳而尚未收錄在《米滂仁波切全集》二十七函中的《鮮花供》。而像《蓮師的祈禱文》的系列則是從德格印經院木刻版直接翻譯過來。此外，又增補了喇榮五明佛學院法會念誦的儀軌等內容，匯集成三冊，以適合不同根機、意樂的修行者。《顯密念誦集》整個收集、整理、翻譯和校對的過程歷時近三年，工作量很大，僅僅是校對就十幾遍。經過了多個藏漢版本的對照和細緻甄別，可以說《顯密念誦集》的內容都是精心挑選，且翻譯得非常準確，一定能夠弘揚到漢地和海外。弟子們請到《念誦集》的時候，一定要好好修持。

「希望弟子們眞正能發願以後一心一意地修持文殊菩薩，持誦文殊菩薩心咒。這樣將來我們師徒有可能還會在這裡聚會，有可能實現《文殊寂靜修法大圓滿——手中賜佛》的灌頂和竅訣傳講的願望。

「緣起不可思議，一九八七年我來五台山時，和亞瑪澤仁活佛在一起。現在他還很年輕，我卻已經老了（笑聲）。當時由於種種原因，我沒能到東台來。亞瑪澤仁活佛我們幾個人一起到了西台和中台，下山的時候我丟了帽子。當時我沒有讓大家去找，緣起很好，我一定會再來五台山朝聖。第二次來五台山由於冰雪覆蓋也沒到東台。這次來東台的願望眞正實現了。

「法王如意寶圓寂前兩個多月，開極樂法會的時候，法王對我們說：『一切都特別無常。我年紀大了，有可能很快就要離開這個世界。我的法衣、舍利等等都不能做佛塔，我是一個沒有功德的人，做佛塔沒有意義。』所以弟子們依法王如意寶教言，沒有把法王的法衣和眞身舍利做成佛塔。

「根據佛經的記載和蓮師的授記，法王如意寶是眞正的佛，有的說他是蓮花生大士，有的說是文殊菩薩。不論如何，法王如意寶和佛是一體的，無二無別。因此，我一直想按照法門寺供奉佛指舍利的盒子的樣子，做一個盒子來供奉法王如意寶留下的金剛心。法王如意寶的金剛心現在供奉在喇榮五明佛學院。這次我離開北京之前，這個心願實現了。

「今天早上我在這個盒子裡放了法王如意寶圓寂前給我的頭髮和指甲。法王如意寶荼毗後，除金剛舍利以外所有的灰燼，都被放到大海中了。荼毗儀式在大經堂屋頂上舉行，有一點點灰漏進屋頂的裂縫中，前幾年維修時發現裂縫裡長出來許多舍利，今天也放了一些在這個盒

那羅延窟，希阿榮博上師手捧舍利金盒為弟子們開示

子裡了。法王一生撰寫了很多大圓滿的竅訣，而最終包含了大圓滿前行和正行的修行竅訣總集是他在境界中流露出來的《文殊靜修大圓滿——手中賜佛》。

「盒子的設計很特別，由發心的弟子們完成。四面分別是藏文的法王如意寶祈禱文、法王如意寶心咒、代表法王的大鵬金翅鳥以及代表極樂世界的蓮花。法王如意寶一生弘法利生功德無量，最後融入到阿彌陀佛的心間。而我們通過祈禱法王和念誦法王如意寶的心咒，自己融入法王心間，將來往生西方極樂世界。這是吉祥殊勝的緣起。一會兒我會用這個盒子給大家加持。

「今天有一位法師說，在我成佛時，

你們將成爲首批眷屬，獲得成就，這可能是很好的緣起。世間所有事情都是有緣起的，密法中非常重視緣起。我確實是一個沒有什麼功德的人，但是緣起非常重要。這次從北京出發時沒有安排和大家一起走，但是因緣巧合，在高速路上我的車和弟子們的車相遇了。弟子們所有的車是黑色的，而我的車是白色的。相遇後白色車超過其他所有車跑在了最前面，這是很好的緣起，弟子在黑暗中遇見師父，和師父一起來到了文殊菩薩的刹土。

「在路上休息時，一個小男孩供養給我八吉祥的寶傘，這也是很好的緣起，這次朝聖一定會非常圓滿，能夠利益很多的衆生。

「此外，差不多做了三年的《顯密念誦集》即將完成，成都的弟子們把成書帶到這裡供養給我，緣起也非常殊勝。

「大家一定要在洞中好好發願。如果有修密法的弟子，也可以在洞前修密法的儀軌。」

上師開示畢，弟子們無不生起信心、清淨心與歡喜心。弟子們一邊念誦文殊心咒，一邊排隊領受上師加持。每一個弟子都領到一顆殊勝的甘露丸。甘露丸是經過一億遍觀音心咒加持，由很多聖物製成。

上師就在天然的法座上念誦且卻、托噶和繫解脫的偈頌，然後面對蔚藍廣袤無垠的虛空安住。湛藍的虛空沒有一絲雲彩，此爲修行大圓滿的象徵。連綿萬里的青山在視野難以捕捉的遼遠處與大地相接。旭日和風中，上師法相莊嚴，極具加持力。除了《文殊禮讚文》外，我們再也找不到更好的方式來描述此時此刻的上師：「誰之智慧，離二障雲，猶如淨日極明朗；所有諸義，如實觀故，胸中執持般若函。諸有於此，生死牢獄，無明暗覆苦所逼；眾生海中，悲同一子，具足六十韻音語。如大雷震，煩惱睡起，業之鐵索爲解脫；無明暗除，苦之苗芽，盡皆爲斷揮寶劍。從本清淨，究竟十地，功德身圓，佛子最勝體；百一十二，相好莊嚴，除我心闇，敬禮妙吉祥。」

在上師灌頂、開示和安住的整個過程中，文弱的希阿慈誠法師始終用他纖細的手臂穩穩地舉著八吉祥傘，爲上師遮蔽灼熱的陽光。在這段漫長的時間裡，他也隨上師安住境界中，如如不動。

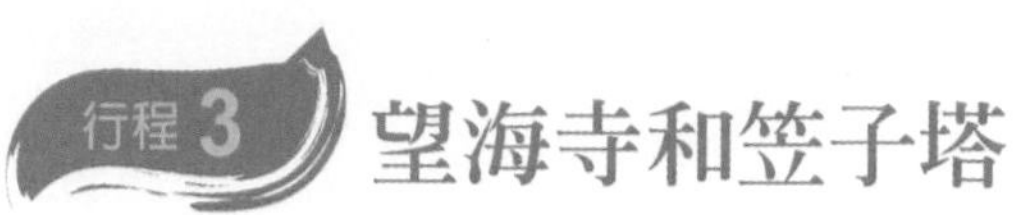

望海寺和笠子塔

東台

東台位於台懷鎮東十公里，海拔2795米，又叫望海峰。《清涼山志》卷二有云：「頂若鰲脊，周三里。亦名望海峰。若夫蒸雲寢壑，爽氣澄秋，東望明霞，若陂若鏡，即大海也。亦見滄瀛諸洲，因以爲名。」台上建有望海寺和笠子塔，寺內供「聰明文殊菩薩」。

笠子塔是東台聖跡。《清涼山志》載，宋宣和間，代州牧趙康弼與眞容院慈化大師同遊那羅延窟，見異僧入窟數日不返，只留下斗笠，故建塔藏之。該塔爲覆缽式喇嘛塔，建於北宋宣和年間，由通青石砌築，高約五米。塔基平面呈方形，塔身上有古樸的雕花。

東台的出家人因見上師在那羅延窟爲大家傳法灌頂，特前來詢問是否要在此處午餐，上師欣然應允。

傳法結束時，素齋已然備好。弟子們跟隨著上師輕盈的步伐來到望海寺的齋堂。古樸的長條形木桌凳整齊地置放其間，素雅簡潔而毫不矯飾。牆壁上寫有「止語」二字。向來談笑風生的上師，也遵守漢傳寺廟的規定，進入齋堂以後就一言不發。大家一起默默地念誦《簡供》供養三根本眾，然後靜心用餐。這一刻齋堂清寂而生動，鉢碗之間，傳遞著自然的默契。簡捷的素食很是清淡可口。

上師餐畢，輕輕地拿出錢放在飯碗邊。弟子們一一隨學，大家都知道師父有教言，不能占用寺廟任何財物：「當對境是僧眾的時候，我向來都很謹慎，連僧眾的一滴水都不會擅用，我這樣發過願。我在喇榮五明佛學院，即使因爲學院的公事陪別人吃了碗米飯，也會折價交錢給管家。在其他寺廟如果吃了飯一定會補上錢，否則我不敢吃。隨意享用給三寶的供養很損耗福報。有一次學院開法會剩下些茶和麵，扔掉浪費，送人的話，恐怕收的人會遭果報，給動物吃，動物也會遭果報。法王如意寶讓我們查閱經文，看看佛陀有沒有關於如何處理的開許或教言，也沒找到。最後我們商量把這些東西折價賣了，換回的錢再用來給僧眾供齋。這個做法一直延續到現在。」

這一頓以漢傳寺廟的方式完成的午餐其實很值得回味，因爲能夠眞切感受到，在五台山，內教顯密各宗派的和諧相融與相得益彰。午飯後，我們隨上師一起轉繞笠子塔，隨即告別了東台諸聖境。

有此番殊勝的因緣，上師的一位親近的弟子對那羅延窟生起了無上的信心，朝聖之後他又重

遊故地並於此閉關一段時日。他給我們帶回來一張珍貴的文殊剎土的照片。其時他站在那羅延窟遠眺，身後是隨風舞動的彩色經幡，層巒疊嶂皆被雲海覆蓋，旭日東昇，有浮光掠影之感；如同大海，水連天際，波濤微茫；雲霞明滅，偶見瀛州於水中浮蕩。我忽然了悟，爲什麼東台名「望海」。我們凡夫人眼裡的五台山尚且如此美麗，那聖者看來，文殊剎土的萬物，其功德妙用會是怎樣「窮微極妙，無能稱量」！

【典故】

無著菩薩與病狗

在整個朝聖的旅途中，上師一再叮嚀我們觀清淨心，要護持好自己的心念；師兄之間要和諧相處，不能生起任何煩惱；珍惜這次朝聖，一定要好好發願。

上師說：「大家一定要認真地發願。到了文殊菩薩的道場，一定要觀清淨心。佛經記載，到五台山，一定能見到文殊菩薩。有的人疑惑我們為什麼看不到文殊菩薩。

這完全看自己的因緣和業力。但是文殊菩薩以什麼形象顯現，根據個人業障因緣不同而不同。業障輕的，看到的較好，業障重一些的，看到的較差。

「《普賢上師言教》裡也講過這樣的故事，一位修行人去五台山拜見文殊菩薩無功而返。返程途中，於峨眉山偶遇一人，此人交給行者一封信和些許路糧，並說：『途經雅傑時，請把信交給達西。』

「行者來到雅傑，卻找不到叫做達西的人，只有一頭老豬名叫達西。行者只好把信放到老豬跟前。老豬看完此信即刻往生了。行者很好奇，展開信件，只見信中說：『達西菩薩，你以旁生形象度化眾生之事業已圓滿，現應前往東方以其他行境利益眾生！——文殊師利。』他方知偶遇之人即是文殊菩薩，即刻返回尋找，卻了無蹤跡。文殊菩薩的顯現不可思議，我們應該堅信來五台山一定能夠見到他，並且一定要時刻觀清淨心。

「無著菩薩在雞足山苦行觀修十二年，期望能夠面見彌勒菩薩，卻連吉祥夢兆也未曾出現。他心灰意冷決定下山。途中看到路邊雙足殘廢的母狗，下身佈滿蟲子。此時無著菩薩生起強烈的悲心，不僅施捨了自己身上的肉，還想要清除那些小蟲。如果用手去抓，很可能傷害到小蟲，所以他閉上雙目想用舌去舔。這時母狗消失了，而彌勒菩薩金光燦燦地出現在眼前。無著菩薩說：『您的大悲心實在微弱，一直不現尊顏。』彌勒菩薩說：『不是我不向你露面，實際上我與你從未分離，只因你罪障深重，看不見我。經過十二年修行，你的罪業稍有減輕，才看到這條母狗。現在由於你生起了大悲心，業障被清淨無餘，才真正地見到了我。你若不信，將我扛在肩上，讓眾人看。』於是，無著菩薩將彌勒菩薩扛在右肩，到集市上，他問人們：『我的肩上有什麼？』那些人說：『什麼也沒有。』只有一位比較清淨的老婦說：『您的肩上有一具腐爛的狗屍。』之後彌勒菩薩將無著菩薩帶到兜率天，為他宣說《慈氏五論》。無著菩薩返回人間後，開始弘揚大乘佛法。

「所以我們心裡一定不要生煩惱，凡夫自己不清淨則看別人也不清淨，正如佛的表兄弟在佛身邊二十五年，只看到佛在欺騙別人。」

華北地區最高山峰

北台

北台位於台懷鎮以北五公里，又稱葉斗蜂，海拔三千零六十一公尺，頂天立地，是五台山最高的山峰，同時也是華北地區最高山峰，被地理學家稱爲「華北屋脊」。台頂平廣，方圓二公里。《清涼山志》記載：「其下仰視，巔摩斗杓……。風雲雷雨，出自半麓。有時下方驟雨，其上曝晴……。」

北台不僅海拔最高，山坡也最爲陡峭，除非是喜歡冒險的登山愛好者，通向北台沒有捷徑。在被高山草原覆蓋的山坡上，漫長的盤山路迂迴曲折。盤山路的兩旁，綠茵茵的小草像是天然的地毯。地毯上間或有紫色、黃色和白色的野花，也有如音符一般流動的黑色的犛牛和白色的羊群，像極了色達的草原。

北台頂的地質構造絕對年齡在二十五億年以上，所以也被稱爲「中國地質博物館」。在地質學家眼裡，北台是研究地質地貌的一個極其重要的地方。而在修行者眼裡，這裡是菩薩住處、清淨剎土，是大地無始以來就有的面貌。

弟子們安靜歡喜地跟隨著上師的車，不斷上行、轉彎、再上行。有時抬頭一看，其他師兄的車可能就在自己的頭頂上方；北台之高峻，可見一斑。和自己大恩上師在一起，自然清淨，不時會覺得外境如夢，與內無別。這時的我們彷彿是行走在修行的路上，修行之路雖然漫長，也可能艱難，但只要有具德的上師在，有不退轉的信心，依教奉行，就可以毫不畏懼地前行，如此精進修持，就一定可以成就。這時候天高雲淡，碧空如洗，卻在我們頭頂的正上方出現一片祥雲，很像大鵬金翅鳥身上掉下來的曼妙輕羽，一直護佑著我們。

走過三門四柱、中門雕有「華北屋脊」的漢白玉石牌坊後約兩公里，我們終於隨上師一起登上了五台山最高峰。每每想到開車尚且如此不易，心裡就非常佩服和隨喜那些虔誠磕大頭的朝台者們。

台頂氣候寒冷，通常農曆九月飄雪，次年農曆四月解凍，歷史上亦有農曆七月降雪的記載。北台所在的山叫雲霧山，台頂上時常雲霧繚繞，能見度很低。今日上師蒞臨北台，天氣晴好，非常吉祥，極目遠眺，可以「思接千載，視通萬里」。站在海拔比東嶽泰山高出一倍多的地方，腳下山開萬列，北眺是北嶽恒山山脈層巒疊嶂，巍峨壯闊；東望是一馬平川的華北大平原。東台頂望海峰巍然矗立，彷彿亙古以來就和北台相望相守。清水河上下十幾里，至此一覽無遺。

台頂有隋朝建的靈應寺，明朝重修過，寺內供「無垢文殊菩薩」。靈應寺佈局結構簡單而不失大氣，占地面積爲一千平方米。寺院內，立有樓殿房舍十餘間，大部分均爲漢白玉砌築，院中央築有小拱橋一座。

來到五台山的最高峰，上師歡欣若赤子，拾級登上白色小橋，和弟子們一邊念誦《大自在祈禱文》，一邊留下珍貴的合影。上師笑容慈悲依舊，隨著相機快門的起落，定格在永恆的時空之中。合影的背景非常美麗，湛藍虛空無垠，自在白雲無礙，變幻著形態，時而龍翔鳳翥，時而瑞獸蹁躚，吉祥且壯觀。天際高遠，雲彩卻顯得離我們很近，彷佛就在頭頂。北台頂上向來風力強勁，此時的風卻似直貫東西，把雲彩拉得很長很薄，虛幻如夢境。康熙皇帝有詩讚北台曰：「鐘鳴千嶂外，人語九霄中。」念誦聲中，好像祈禱文中的諸佛菩薩都來到了台頂上空，給予我們如雨一般的加持。

靈應寺解釋無垢文殊精義

靈應寺是用漢白玉築成，通體潔白，晶瑩透亮。殿內無柱，空闊寬敞。文殊殿左側，爲龍王殿，供著廣濟龍王。相傳文殊菩薩從東海龍王處借來歇龍石安放在清涼谷中，五龍王不依而前來討要，文殊菩薩爲了安撫他，就把他安排在北台頂接受人間供奉朝禮。每有旱情，當地百姓便到北台頂龍王殿祈雨。清代爲了方便人們祈雨，便在台懷鎮萬佛閣建龍王殿，把五龍王請下山來，從此，萬佛閣就被稱爲五爺廟。

北台台頂，希阿榮博上師念誦著《大自在祈禱文》登上小橋

靈應寺大殿中，供奉著五尊無垢文殊像，像高二公尺。每一尊都泛著柔和的金色光。上師帶領僧眾們一邊唱誦《文殊禮讚文》，一邊把香一一分給隨行弟子。敬香，頂禮畢，優美的唱誦聲中，只見上師手輕揚，橘黃色的哈達就飄落在文殊菩薩手裡或是肩上，裝點著金色的菩薩像，非常好看。

大殿基座寬大平整，上師席於其上，弟子們則圍繞上師坐在殿前的空地上。這是一個北台頂上極爲少見的朗朗麗日，漢白玉的牆壁在陽光下折射出一層白色光華，映襯著師父絳紅色的僧衣。上師顯現上很歡喜，笑得很燦爛，一切如此明媚，沒有任何障礙，萬里長空了無塵煙，和「無垢」二字非常相應。

上師爲弟子們解釋說：

「究竟實相上，一切本來清淨，無染無垢。五台山的五峰代表著五方佛：東方阿閦佛、西方阿彌陀佛、南方寶生佛、北方不空成就佛、中央毗盧遮那佛。然而五方佛並不在我們的身外，一旦我們能夠證悟五蘊的本來清淨本性，五蘊即是五方佛。

「『本來無垢之心性，了義文殊勇士體。』（《如來藏大綱獅吼論》）三世諸佛智慧總集所示現的青春童子相爲不了義文殊，而本來無垢自性清淨爲心之法性，亦爲了義文殊勇士。文殊，意爲妙吉祥。心之自性清淨，從最了義角度而言，未斷二障而自性解脫，故名『妙』；

身智一切功德無需新得而本來圓滿，故名『吉祥』；將執著輪涅相異而取捨等之分別相徹底消融於法界，故名『勇士』。」

一位在北台朝聖的女眾認出上師正是希阿榮博堪布仁波切。歡欣激動不已的她在一旁守候多時，終於鼓起勇氣上前祈請上師授皈依戒。上師讓她頂禮三次，無比慈悲地含笑注視，然後一句一句帶她念誦：「皈依佛，皈依法，皈依僧，皈依上師。」彈指間，她已成爲了三寶弟子。上師把手輕輕放在她頭上，念誦經文予以加持。最後上師輕聲囑咐：「每天念誦一遍《金剛經》，多念《心經》。」

在場的師兄們無不合掌微笑，隨喜這

北台靈應寺，希阿榮博上師向文殊菩薩供養哈達

位有福有緣的居士。這時候天上的祥雲似鳳凰的尾羽，輕盈地緩緩拂過台頂。應隨行弟子祈請，上師賜予《文殊語獅子修法儀軌》傳承（收錄在《顯密念誦集》第一冊）。關於此修法，上師講述了一個法王如意寶的故事：「法王六歲時，剛剛開始學習認字。偶然得到《文殊語獅子》的修法，見到此法的結尾有一個偈頌『印度聖境一老人，高齡已至九十九，不識文字勤修持，一日得見文殊尊。』法王心想，這樣的老人只修一天就達到了這麼高的境界，像我應該可以很快修成。法王非常歡喜，專心修持了幾天，出現了許多驗相。此後，毋需再學拼讀就自然地會了，也能領悟一切經典注疏的內容。」

常駐五台山的一位法師說：「北台頂難得有和風麗日的天氣，只要飄過來一朵雲彩，這裡就會濃霧迷漫。人在霧中，會感覺很潮濕，很不舒服，今天能在這樣陽光明媚的環境中聽法接受傳承，你們很幸福。」我們眞的很幸福，這一切卻都是因爲上師的福德力。

五台山，山有多高，水有多高。北台頂上，靈應寺旁，有澄澈如鏡的黑龍池。池畔，上師像個孩子般地跑過來，和大家一起照相，向空中拋撒風馬。他的披單在風中飄飛，風馬也隨風飛舞，越飛越高，那樣自在無礙。孩子們歡欣雀躍，師兄們爽朗的歡笑聲灑落在寂靜的山谷深處。一切無垢，纖塵不染，原來生命可以如此單純美麗。

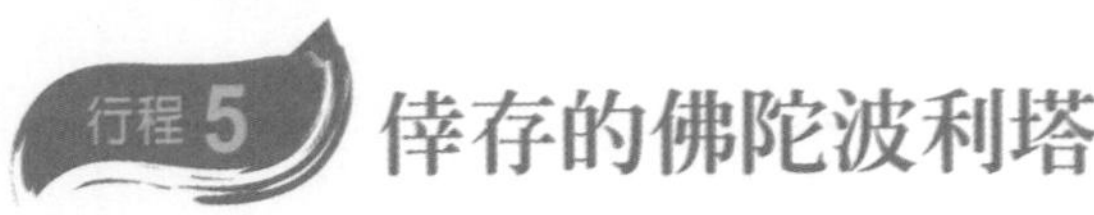

金剛窟

此次朝聖第二日，上師帶領我們朝禮的最後一個聖地是金剛窟。

金剛窟，位於五台山大白塔以北一點五公里處，樓觀谷北側崖畔。山窟幽深莫測，據說它與東台的那羅延窟相通，也和北台龍宮下面的白水池相通，是五台山最爲神秘的一個地方。明鎮澄《清涼山志》載：「金剛窟乃萬聖密宅。」諸佛菩薩的秘密壇城。

按照佛教典籍《祇桓圖經》記載，文殊菩薩初來五台山時，就把三世諸佛供養之具，皆藏於窟內。三世諸佛，這裡是指過去迦葉佛、現在釋迦牟尼佛和未來彌勒佛。迦葉佛住世時，所造七寶樂器，金紙銀書等五類法器，均由文殊菩薩收入金剛窟內。因此說，金剛窟不僅是文殊密宅，而且也是三世諸佛的密宅，乃萬聖密宅也。

根據佛教典籍，文殊菩薩所藏五類法寶中，任何一件都具有超乎尋常的救度眾生的功德。例如：銀箜篌是迦葉佛住世時所造，它有八萬四千種曲調，每個曲調可以調治一種煩惱。又如文殊菩薩收入金剛窟的一口鐘，據《祇桓圖經》記載，其鐘聲有「菩薩行八聖道，斷除諸煩惱」的作用。

元魏時，金剛窟建二層門樓一座，上層置六角轉輪藏，下層爲窟門。窟旁上坡百步建有文殊堂和普賢堂，樓東有供養院。窟後有般若寺，傳說爲唐代無著和尚所建。宋時，金剛窟有文殊宅，窟前有文殊井，窟上有三千眷屬圍繞的等身文殊像。窟旁建太平興國寺，寺內有文殊閣、萬聖閣等。文殊閣內供五方文殊像。

一九六八年，般若寺和太平興國寺全部毀於一旦。

今天，我們看到整個山崖都被石頭和水泥壘砌的圍牆所封堵。牆高約爲六～八公尺。前方平地空曠，只矗立著一塊很新的石碑和一座古舊的塔。我們眼前被彩色經幡所環繞的古塔，是沒有在一九六八年被炸毀的、唯一倖存的古建築。新建的石碑被一隻年代久遠、風化嚴重的石龜馱著，上有「佛陀波利塔」五字。

據《佛頂尊勝陀羅尼經》的序文記載，唐高宗時，天竺高僧佛陀波利來五台山拜謁文殊菩薩，於金剛窟前，文殊菩薩化身爲一老者告知曰：「然漢地眾生多造罪業。出家之輩亦多犯戒律。唯有《佛頂尊勝陀羅尼經》能滅眾生一切惡業。師可向西國取此經，將來流傳漢土，即是遍奉眾聖、廣利群生、拯濟幽冥、報諸佛恩也。」所以他返回天竺帶來梵文版的《佛頂尊勝陀羅尼經》，並且和正順等僧人一起翻譯成漢文。在此經中，佛陀告訴帝釋天曰：「此佛頂尊勝陀羅尼，若有人聞一經於耳，先世所造一切地獄惡業皆悉消滅。」譯經畢，聖僧可謂功德圓滿。據《清涼山志》記載，此後佛頂尊勝陀羅尼咒盛行於世。佛陀波利則帶著梵語版的經文再一次來到這裡，見到文殊菩薩眞容，遁入金剛窟後，便再也沒有出來。他定是得到文殊菩薩不可思議的加持，在洞中成就了。由此殊勝緣起，於此修建了佛陀波利塔，裡面安置著聖僧的衣物和他帶來的梵文版《佛頂尊勝陀羅尼經》。

《清涼山志》又說：「《華嚴》云：華藏世界所有塵，一一塵中間法界。寶光現佛如雲集，此是如來刹自在。故知金剛窟者，誠不可以聖凡境界而思議也。」

佛陀波利是梵文Buddhabala的音譯，Buddha即佛陀，Bala是護持的意思。在藏文裡，佛陀波利就是桑吉雄，佛陀波利塔也就是桑吉雄塔。在漢文裡，也有時把佛陀波利譯作佛護，但和印度中觀應成派論師佛護不是同一人。

傳說此塔倖存至今，乃因金剛窟的其他古建築被毀之後，塔上方的天空中出現了文殊童子的身影，而幾乎同時佛陀波利塔隨著一聲巨響，陡然下沉入地。在場親歷這一幕的見證者，無論是否佛教徒，無一不被深深震撼。當時用黑白相機拍下來文殊童子在雲端的珍貴照片，一直被供奉在金剛窟附近的一個小山洞裡。

有趣的是，上師二〇〇三年初來此朝聖時，就曾在塔前拍照留念。彼時塔身被泥土掩埋，只剩下一公尺多高的塔頂露出地平線。上師帶著祥和安寧的笑容盤坐於前。

時隔九年，塔身周圍的泥土已然被挖掘清理乾淨，完整的古塔呈現於世人面前。塔高八～十公尺，磚石結構，灰白色調，風格古樸大方。塔基爲周正的方形，外圍有新建的欄杆。塔身圓，呈流線型，細節處有簡潔而精緻的設計，塔頂附近築有小窗，窗內供小佛像。

歲月乃是卓越的工匠，從泥土中挖掘出來的佛陀波利塔愈加莊嚴和挺拔。微風中的古塔如如不動，它彷佛在告訴我們，無論歷史如何滄桑，風雲如何變幻，佛法依然還在世間，必將更加興盛。

空闊平坦的地面上，在一片石頭水泥青峻的冷色調中，掛滿塔身和塔基的五色哈達與經幡格外醒目，在無聲地傳遞著溫暖而慈悲的資訊。

面對石牆內的金剛窟，想到千年古跡已不復存在，弟子們無不輕聲歎惜。上師好像知道大家的心情，他笑著說：「石頭牆對我們影響很大，但是要想擋住毘瑪拉密札，我們的大圓滿的祖師，完全不可能了。」上師自在無礙的笑聲有一種解開弟子們心結的力量，凝重的氛圍變得活潑起來，我們的愁緒也煙消雲散。面對著金剛窟的方向，上師帶領弟子們念誦祈禱法王如意寶的偈頌，並向大圓滿傳承的祖師們頂禮。

2003年神變月，希阿榮博上師第二次朝禮五台山時在金剛窟拍照留念

2012年夏，上師再次朝禮五台山時站在當年拍照的位置

講述金剛窟與大圓滿的因緣

對於我們來講，金剛窟的殊勝在於它和大圓滿傳承有著非同尋常的因緣。

上師開示，如是我聞：

「昔日毘瑪拉密札依止師利星哈九年得到所有的大圓滿教法，回到印度，獲得了虹光身成就。毘瑪拉密札一百歲時被赤松德贊迎請到西藏，弘揚佛法。他在西藏傳法十三年之後來到五台山，住在金剛窟裡。對於圓滿了托噶修行的大圓滿祖師來講，他們將色身轉爲微妙的虹光身，在利益眾生的因緣未盡之前，他們一直住於其中，而不示現圓寂。不僅如此，對於他們來講，所有諸相都已經轉變爲微妙光明的本性，獲得究竟的自在而不受身形、時間或空間等虛幻的諸相的束縛。

「不清淨的凡夫當然不會見到虹光身，他們什麼也看不到或者看到這些大成就者『隨眾生心，應所知量』的種種顯現。也就是說，大成就者們根據有緣眾生不同的業緣和根境意樂，從而示現不同的化身。凡夫看到和自己的心靈功德相適應的身相形色，從而獲得不可思議的加持與利益。所以，大成就者示現種種不同化身，只是爲了利益有緣眾生的需要，並不是因爲其本身的概念、情緒和行爲的業力與串習。

「蓮花生大士來到西藏時已經一千多歲，赤松德贊國王頗費了一番功夫才相信蓮師是住於虹光身。那時候，在蓮師的堅持下，國王拳擊蓮師三次，每次卻都無法觸及他的身體而是打在他的法座上面。

「蓮花生大士如今仍然住在凡夫不可見的化身剎土桑東巴瑞（銅色吉祥山），住於任運持明的果位，他將永遠都不圓寂。毘瑪拉密札則是在賢劫千佛成佛之後示現圓寂，在他示現圓寂之前，毘瑪拉密札的虹光身就一直住在這裡，每隔一百年化身去西藏一次，在佛法衰微之際維繫和弘揚大圓滿法門。無垢光尊者是毘瑪拉密札的化身，堪布阿瓊仁波切也是毘瑪拉密札的化身。

「在末劫年代，大圓滿的加持力不可思議。很多顯宗以隱蔽的方式宣說的道理，在大圓滿中都有非常直接的說明，依靠它而修行，自然就非常直捷快速。既便是在凡夫位，依靠大圓滿竅訣，也能對心性本來面目生起定解。

「我們深深地感念大圓滿傳承祖師們的恩德。如果我們懂得大圓滿法的殊勝難得和祖師們為弘揚此法門而承擔的一切，就不難對大圓滿法和傳承上師生起無上的信心。在這裡，大家要好好發菩提心，發願為利益眾生而修持大圓滿這樣無上甚深微妙的法門，今生成就佛果。」

在距離金剛窟最近的地方，上師坐了下來，為弟子們念誦《大圓滿基道果無別發願文》的傳承。虔敬的弟子們輕輕地跪在師父前面雙手合十。這時候天地之間的一切安靜極了，任一陣微風吹拂、一片樹葉飄落、一泓清溪蜿蜒、一隻小鳥飛過，我們都彷彿能夠聽到它們的聲音、感受它們的歡愉。伴著落日餘暉，舒展的雲彩也放慢了節奏，從塔頂不斷地緩緩滑過。弟子們的心靈在師父的加持下是那麼寧靜、和諧與美好，一切都那麼吉祥，似乎預示著我們一定可以追隨上師的腳步，最終能夠成就了義正等覺、獲得究竟離障勝果位。此發願文非常殊勝，且卻和托噶都包括在其中，僅聞一定得解脫，爲米滂仁波切所撰著。法王如意寶訪問不丹時，頂果欽哲仁波切曾經祈請法王寫一篇關於此發願文的解釋。有一天法王在講課的時候，突然讓侍者拿筆，他老人家從境界中流露出來《大圓滿基道果無別發願文》解釋的科判。但是很遺憾除了這個科判外，法王沒有能夠完成其他內容就圓寂了。根敦群培仁波切圓寂時念誦的也是這篇發願文。在此發願文的最後，米滂仁波切寫道：「僅聞亦定得加持，金剛持讚殊勝道；思維此理何須說，法性諦力速解脫。有勤因乘難調時，續云普賢教出世，聖言所讚精藏教，願彼周遍諸世間。」

傳承之後，上師讓弟子們慢慢念誦漢文版的《文殊大圓滿基道果無別發願文》，以便更好地領悟大圓滿的意趣。念誦聲中，上師把金黃色的哈達掛在金剛窟洞口的石頭牆上，把白色的哈達繫在佛陀波利塔基座周圍的欄杆上。塔前跑過來一個五、六歲的小女孩，上師讓她在塔前頂禮，她便鄭重其事地依教奉行，上師碰碰她的頭，微笑著伸出了大拇指。

「丹波道博丹巴夏吉嘉，涅沃色界班哲傑迸宙，帕白希求德麼囊若德，永夏希阿榮博索瓦得……。」

「嗡格熱湛嘉巴紮色德啊吽……。」

供燈開始了，弟子們圍繞在塔的四周，唱誦起上師的祈禱文和心咒。在悠揚的唱誦聲裡，大家燃起了一盞又一盞的酥油燈。在佛陀波利塔背後，一位出家師父用酥油燈排列成藏文「阿」字，橙黃色的光芒閃閃爍爍，甚是好看。

【典故】

毗瑪拉密札祖師

根據《大圓滿龍欽寧體傳承祖師傳》，毘瑪拉密札祖師生於西天竺大象林城，精通小乘和大乘，是住在菩提迦耶的五百班智達之一。

毘瑪拉密札和嘉納蘇札兩位祖師有一次來到菩提迦耶以西一處鮮花盛開芳香怡人的濕地。此時金剛薩埵現身於虛空中對他們說：「善男子，你們曾五百世轉生為班智達，但至今尚未證得無上果位，如此繼續下去將來也不會成佛。如果你們想於此生即證得將此垢染的肉身消融的正等覺，就去漢地清涼尸林。」

金剛薩埵指示兩位祖師所去的地方，根據敦珠法王所著《藏傳佛教史》，是「菩提寺」或者「菩提樹旁的寺院」；根據無垢光尊者的著作，是漢地的清涼屍林。而漢地的清涼屍林，根據法王如意寶的授記，就是位於五台山上善財洞旁邊的屍陀林。

毘瑪拉密札聽後立刻動身前往漢地五台山。在五台山的善財洞裡，他找到師利星哈祖師並依止他二十年。在此期間，他得到了阿底瑜珈竅訣部外、內、密三類法門的傳授。但祖師沒有授予他經函法本。

毘瑪拉密札祖師很開心地返回了天竺，向嘉納蘇札祖師講述了自己在五台山依止上師求法和修行的過程。於是嘉納蘇札祖師又到五台山，追隨師利星哈祖師得到了竅訣部所有四類法門，並且被授予經函法本。師利星哈祖師在證得虹身成就、示現圓寂時給嘉納蘇札留下了遺教。

在自己的上師離開之後，嘉納蘇札祖師返回天竺，住在巴森屍林，給諸空行母傳法。這時候毘瑪拉密札祖師在塔瓊屍林修習密法。一天他騎著一頭藍色的大象，袒露著右臂，打著吉祥傘蓋，在屍林裡悠然行走。空行母巴吉洛椎瑪現身虛空中，對他說道：「善男子，如果你想得到比以往更深的竅訣，就到巴森屍林去吧。」

毘瑪拉密札祖師馬上去了巴森屍林，在那裡他見到了嘉納蘇札祖師並虔敬地向他求法。嘉納蘇札祖師從自己的眉間白毫放射出一束光芒，遍佈了虛空，光中現出報身佛剎。毘瑪拉密札祖師瞬間對他生起不可動搖的信心。嘉納蘇札祖師立刻為他傳授了廣灌頂，毘瑪拉密札祖師的眉間從此也長出了和嘉納蘇札祖師一模一樣的白毫。毘瑪拉密札祖師還得到了竅訣部前三類法門的經函與甚深竅訣。

一年之後，嘉納蘇札祖師為毘瑪拉密札傳授無戲灌頂，這時候從毘瑪拉密札全身的每一個毛孔中都冒出蒸汽。祖師同時也把極密類寧體法門的經函法本授予了他。

此後，毘瑪拉密札祖師在山頂修習了六個月的前行之後，嘉納蘇札祖師為他傳授了極無戲灌頂和竅訣。他於是獲得了不共的悉地，鼻尖上出現「阿」字，這個字彷彿正要從鼻尖上掉下來似的。又過了六個月，毘瑪拉密札被授予完整的最極無戲灌頂，隨即證悟了沒有造作的心性。毘瑪拉密札在嘉納蘇札祖師身邊度過了十四個春秋，圓滿了自己的寧體證悟。

當嘉納蘇札祖師進入涅槃、色身消融的時候，毘瑪拉密札祖師虔誠地向他祈禱。於是在虛空中的一片虹光之中顯現了嘉納蘇札祖師的前臂，他將一個五寶嚴飾的篋子放在毘瑪拉密札祖師掌中。從寶篋中毘瑪拉密札看到嘉納蘇札祖師的遺教《四安住法》，在此一剎那間他獲得了與上師同等的證悟。

其後的二十年間，祖師住在天竺東部的一個竹棚裡，作為國王哈瑞巴紮（獅賢）的國師。他又去了天竺西部的比爾雅城幫助另外一位國王達摩巴拉（法護）以使他能夠積累資糧和福德。

之後的七年裡，他在離比爾雅城不遠的普日阿巴斯嘎惹神秘大屍林，與數量眾多的空行母一起修持寧體法門。祖師以不同的身相和方便修持密宗禁行，他給難以計數的弟子們傳了法。他證悟了明智如量相——大圓滿托噶四相中的第三相。其後證得了大遷轉虹身，並帶領三千人一同證悟正等正覺。隨後以不同的化現繼續留在屍林十三年。

此間，祖師親自抄寫了三份寧體法門的經函法本。他將其中一份伏藏於西天竺烏迪亞那海中的金沙覆地的島上；將另一份伏藏於喀什米爾蘇瓦納德洲的山洞裡；最後一份則保存在昔日阿巴斯嘎惹屍林作為諸空行母恭敬供養的對境。毘瑪拉密札祖師還七次在淨相中現量親見極喜金剛並直接從他那裡得到了竅訣的傳授。

那時的西藏國王赤松德贊，剛剛在西藏樹立起佛法的法幢。一位來自西藏娘氏家族的大師滇津桑波可以入定達七年之久，他觀察到印度瑟迦城有五百位殊勝的班智達國師。於是赤松德贊國王派遣嘎哇巴孜和卻若魯伊嘉參兩位大譯師，帶上很多黃金和信函來到小因渣菩提國王處，請求他道：「請從您的五百位班智達國師中派一位密宗大師來西藏弘揚佛法。」其時毘瑪拉密札祖師已經證得了大遷轉虹身並是國王的五百國師之一。國王和他的班智達們同意毘瑪拉密札祖師去西藏。

這時毘瑪拉密札祖師正好一百歲，他也感知到去西藏的機緣成熟了，所以接受了這個邀請。於是由地藏大師擔任侍者陪同，祖師帶著寧體法門的經函法本去了西藏。他們離開以後，天竺有很多人夢到印度之日隱沒於西藏，同時星相惡兆紛呈，長有花果的樹木向西藏方向彎曲，屍林空行母現嫉妒相。鑒於這些徵兆，天竺人意識到甚深密法已經從他們指縫之間洩漏出去了。於是他們決定派懂快步法的信使在山谷隘口、城鎮十字路口張貼告示說：「兩位西藏僧人請走了一位天竺黑教巫師要去毀滅西藏。」因此，當毘瑪拉密札祖師抵達桑耶時，西藏人對他存有很大的疑慮。當毘瑪拉密札祖師向一尊毗盧遮那佛像頂禮時，佛像在他面前瓦解為一堆齏粉，在祖師的加持下，瞬間佛像又復原了，且比以前更金碧輝煌。於是西藏人慢慢地對毘瑪拉密札祖師生起信心，他也開始逐漸給西藏人傳授佛法。

有一天，他在給弟子們傳授經部法門，中間休息了一會兒，返回經堂後，他發現在自己的法座上有一張紙條。上面寫著：「憑藉聲聞乘猶如嬰兒一樣稚嫩的佛法豈能證得佛果？聲聞乘和金剛乘的距離豈能用大烏鴉的腳步丈量？」

那個時候毗盧遮那正被流放到一個叫嘉絨的地方，即現在瑪律康附近。嘉絨國王、諸大臣和民眾都被他度化為佛弟子。毗盧遮那是大圓滿成就者和傳承祖師，蓮師最重要的弟子之一，也是藏傳佛教歷史上最出色的譯師之一。他翻譯了很多密續經函，對寧瑪的弘揚與傳播起著不可替代的作用。根敦群培曾盛讚毗盧遮那譯經的造詣，其他譯師不能望其項背。

紙條的作者正是嘉絨國的王子，毗盧遮那大譯師的上首弟子和傳承持有者——玉札寧波。後來玉札寧波以他非凡的大圓滿的證悟竟成就虹光身，成為西藏大圓滿心部和界部法門最偉大的上師之一。以至於有這樣的說法，毗盧遮那會被流放是因為他注定會去到能夠遇見玉札寧波的地方。

玉札寧波對大圓滿傳承的另一個貢獻是他來到桑耶拜見毘瑪拉密札祖師。由於他留下的紙條和祈請，毘瑪拉密札祖師才開始傳講阿底瑜珈的法門。如果沒有這個緣起，很難講《毘瑪寧體》是否能夠傳承下來。同時在毘瑪拉密札祖師的請求下，赤松德贊國王邀請毗盧遮那重返西藏。

據說毘瑪拉密札祖師和玉札寧波進行了認真的比較，發現他們各自的教證法門等同無異。於是他們花了十年的時間和譯師們一起翻譯佛典。他們共同翻譯了大圓滿心部《後譯十三部》密續，而毗盧遮那大譯師那時已經翻譯了十八部心部密續中的《前譯五續》。

毘瑪拉密札祖師還與嘉納固瑪惹一起，翻譯了《幻化網秘密藏續》等瑪哈瑜珈部密續，阿底瑜珈心部和界部的一些竅訣法本以及阿底瑜珈竅訣部的外、內、密三類法門的根本續和竅訣續。最為重要的是，毘瑪拉密札祖師還以最為嚴格保密的方式，組織了竅訣部極密類法門——寧體法門的相關法本的翻譯工作。這個法門只在毘瑪拉密札祖師、赤松德贊國王和娘氏之間秘密傳授。由毘瑪拉密札祖師帶入西藏的寧體法門被稱為《毘瑪寧體》。毘瑪拉密札祖師沒有找到其他弟子可以託付極密類法門的經函法本，於是將藏文譯本伏藏於青浦桑耶寺附近的紮馬格貢。

在西藏傳法譯經十三年之後，毘瑪拉密札祖師完成了自己作為一代大圓滿傳承祖師應盡之責，動身赴漢地的五台山。那時祖師已經圓滿了托噶的修行，證得了大還轉虹身。只要佛陀正法還在世間，他將一直以虹光身住在五台山的金剛窟裡，實現自己曾經發下的宏願。每隔一百年毘瑪拉密札祖師就會在西藏化現一次，在佛法尚存之際維繫和弘揚大圓滿寧體法門。當佛法從這個世間消失時，毘瑪拉密札祖師將在菩提伽耶融入法界，示現圓寂。

如果朝聖者足夠清淨，則一定可以在五台山見到毘瑪拉密札祖師本人。曾經有很多在五台山見到他並從他那裡得到法要的例子。其中一則小故事說，一位仁波切與眾弟子到五台山朝聖。當弟子們在轉繞時，他們遠遠地看到一個漢人鞋匠坐在小路旁一塊岩石上面，他們的上師恭敬地坐在鞋匠面前。鞋匠毫不猶豫地把他正在縫製的鞋子放在仁波切的頭頂上，並讓他喝下放在自己身邊的污水。弟子們都感到震驚甚至羞愧，因為許多朝聖者在圍觀和嘲笑他們的上師。於是弟子們慌忙趕到那塊岩石處，卻遍尋不見鞋匠的蹤跡。其實弟子們眼裡的鞋匠就是毘瑪拉密札祖師本人。除非是一位有淨觀的成就者，否則最多能見到毘瑪拉密札祖師是一隻鳥、一彎彩虹、一陣微風或者是普通得不能再普通的凡夫俗子。

毘瑪拉密札祖師離開西藏五十五年之後，娘氏在烏茹省的止貢山谷修建了夏寺。在這個寺院裡他伏藏了竅訣部前三類法門的《講授續部》經函法本，以及一些屬於口耳傳承和極密類法門的經函法本，娘氏把口耳傳承的詞句傳給了卓仁欽巴。最後，娘氏也將自己的色身融入了虹光身。

附錄1 末法時代與大圓滿法門

大圓滿法的殊勝超越了語言。在金剛窟前，上師做了諸多有關大圓滿的開示。整理如下：

眾生的根機千差萬別，佛陀慈悲智慧，應機施教，針對不同的根器，宣講了不同的度化眾生的方法。按照寧瑪觀點，把所有的佛法，小乘、大乘和金剛乘進一步分成九乘。三經續因乘：聲聞乘、緣覺乘、菩薩乘；六密續果乘：外密包括事部、行部、瑜珈部；內密包括瑪哈瑜珈、阿努瑜珈和阿底瑜珈。阿底瑜珈即是大圓滿。大圓滿法是佛法九乘之巔。

在末法時代，大圓滿法門具有殊勝的加持力，對無量的眾生來講，大圓滿是不可缺少的重要法門。法王如意寶曾說：「我們應在一輩子中不斷修行，但修行一定要抓住重點：在顯宗是淨土，在密宗是直接斷除三有根本的大圓滿。如果有誰輕易捨棄，那他就是沒有智慧的人。」

按照續部的觀點，時劫可分四個階段：圓滿時、三分時、二分時、具諍時。在圓滿時，任何眾生都沒有現行煩惱，可以事部調化；到三分時，眾生的現行煩惱稍有興起，出現了淫、盜，可以行部調化；到二分時，眾生的煩惱更加明顯，可以瑜珈部調化；到了具諍時，五濁極爲熾盛，此時唯有以無上瑜珈方能調伏。

依據佛經典籍，五濁是劫濁、見濁、煩惱濁、眾生濁和命濁五種末法時代的現象。

劫濁：因末法時代眾生共業牽引，各種自然災害頻發；

見濁：末法時代的眾生，知見不正，邪見增盛；

煩惱濁：末法時代的眾生煩惱極重而增長；

眾生濁：末法時代的眾生因爲缺乏正見而不懂修善去惡，不畏因果，以致福報漸衰，苦果日增；

命濁：末法時代眾生壽命減短。

我們現在所處的時代，正是佛陀所說的末法時代，以上五種現象舉目皆是，皆因眾生之不善共業所致。這個時代的眾生用其他方法已經很難調伏，只有大圓滿法門最爲有效。

《應成續》、《諸天會集續》等續部云：「唯大圓滿法，堪可調化濁時眾生。」蓮花生大士也說過：「五濁越熾盛，大圓滿的加持力越強。」全知米滂仁波切在《文殊大圓滿基道果無別發願文》中寫道：「大圓滿法僅僅聽聞也必定能解脫。續部有云：在有勤因乘難以調伏眾生的時期，大圓滿法將廣弘於世，普度有緣眾生。」

末法時期眾生的煩惱業力不可思議，大圓滿的加持力同樣不可思議。莫說得到大圓滿的灌頂和引導，或者聽聞大圓滿法，哪怕僅僅聽到大圓滿的名號，此人也必將於人壽十歲時得到吉祥智慧空行母的度化，在生、死及中陰三時段中的任何一時獲得解脫。這在《阿底大莊嚴續》中有明確的開示。所以大家應該對大圓滿法門生起無上的信心。

值遇大圓滿，對大圓滿生起信心當然是福報深厚、宿有善根，但這並不能說明你是「上根利智」，不用聞思、不用費勁就能成就。我們今生能值遇大圓滿法，應該感激的是大圓滿歷代傳承祖師以及大圓滿法系內無數的成就者、修行者。沒有他們的悲心和努力，大圓滿的法脈不可能如黃金山脈般延續至今。

《釋迦牟尼佛廣傳——白蓮花論》中有這樣一則故事：釋迦牟尼佛在因地時曾爲一國國君，境內普降糧食雨、珍寶雨，幾日不停。國民都說：「我們的福報眞大！」國君說道：「不是你們的福德，這一切都是因爲我一個人的福德力啊！」

大圓滿傳承的上師們默默承擔起常人無法想像的巨大障難，不惜犧牲自己，以幫助更多眾生接觸到大圓滿法。在末法時期，像法王如意寶這樣的祖師大德，出於對眾生無量的悲心，在較廣大範圍內傳講過去只在小範圍秘密傳授的大圓滿法，使得我們有機會值遇此殊勝法門。

在末法時代，眾生的煩惱有多重，苦難有多重，大圓滿傳承上師們的負擔就有多重。

法王如意寶曾經說：他十幾歲便證悟了大圓滿，從小他就相信自己一定能獲得虹身成就，甚至像蓮師那樣不捨肉身直接去往清淨刹土。對此他一直確信不疑。後來他在各地廣弘無上大圓滿法，攝受了爲數眾多的弟子進入大圓滿壇城，其中一些人破了密乘戒，並且存心製造違緣阻礙上師弘法利生事業的順利開展。由此原因，他示現圓寂時有可能不會虹化，但他絕不後悔，若能讓更多眾生獲得大圓滿法的利益，他即使不虹化也沒有關係。法王如意寶還說：「我圓寂後，肉身可能不會化光、縮小，也許反而會增大，如果是這樣，你們也不必害怕，我不會給你們造成任何傷害。我的慈悲心、菩提心與生俱來、無有造作，不管在什麼情況下，我都不會傷害眾生哪怕一根毫毛。不論我最後怎樣示現，都希望大家不要心生疑惑，不要毀謗上師，更不要退失對大圓滿法的信心！」

儘管有破戒弟子帶來的嚴重干擾，法王如意寶示現圓寂時仍然呈現出虹身成就的種種瑞相，肉身縮小，虹光漫天……，並且法王給我們留下了至爲殊勝稀有的金剛舍利，讓我們再次見證了大圓滿法的不可思議和聖者福德力的廣大無邊。

以前，法王如意寶常常說：每當他想到自己有幸出生在佛法興盛的雪域西藏，有幸入於前譯寧瑪巴持明傳承之教下，並從上師那裡聽聞到大圓滿法，自己能思維大圓滿的法義，能眞正修持大圓滿法，他眞是開心極了。有時候晚上躺在床上想，不說別的，僅僅是每天能把大圓滿的法本帶在身邊，自己都一定是清淨了無數的業障、積累了巨大的資糧才能這樣。想到自己的福報，他高興得簡直要從床上跳起來。

法王如意寶在世時一直提醒我們珍惜跟隨上師學法的機會，他說：「等我不在了，你們再想求大圓滿竅訣，很難吶。末法時期，有些人會講法，自己卻沒有多少修證；有修證的又往往不能按照見、修、行、果的次第爲弟子完整傳講大圓滿法；有的人既沒有證悟境界，也沒有能力傳講續部教言，卻喜歡信口開河、四處傳法。眞正有修證，能講大圓滿密續、又能講竅訣的上師，就像白天的星星一樣稀少。」

我很幸運，今生能成爲法王如意寶和諸多具德上師的弟子。如果不是憑藉上師們深厚的悲心和福德，末法時期如我這般福報淺薄的眾生，不可能接觸到大圓滿法的光明。現在，仍有許多高僧大德住在世間，不遺餘力地弘揚大圓滿法。他們是這個世間的莊嚴，是眾生的依怙。

在金剛窟前，上師的開示充滿了對毘瑪拉密札祖師乃至所有大圓滿傳承祖師的感念。弟子們無不對大圓滿傳承祖師、對大圓滿法生起了無上的信心，再一次發願追隨上師，爲利益眾生修行大圓滿法門，圓滿無上菩提。落日西斜，餘暉在天地間鋪灑，上師一行於旖旎的晚霞中圓滿了第二天的行程。

龍欽寧體法系

上師在《前行筆記》中對龍欽寧體法系的形成做過較爲完整詳細的闡述，這裡部分引述：

法王如意寶當年在傳講無垢光尊者所著《上師寧體》時曾說，他傳給我們的大圓滿法，意傳來自全知米滂仁波切，而米滂仁波切的意傳則是來自全知無垢光尊者。接著，法王如意寶又説，他自己也有直接來自無垢光尊者的意傳，所以大家應當對這一帶著傳承祖師溫熱氣息、如金線般純淨無垢、無斷無染的近傳承心生歡喜、珍惜和感激。

大圓滿續部有多達六百四十萬續，歸納起來，有心部、界部、竅訣部。竅訣部又有外、內、密、無上極密類。其中，無上極密續集外、內、密續之大成，完整、詳細闡述了本基的實相、道（見修行）、果（究竟解脫）的道理。無上極密有十七續，加上《密咒護法忿怒續》，一共十八續。生活在十四世紀的大圓滿傳承祖師全知無垢光尊者分別從廣大和甚深兩個方面對這十八部續的密意進行了歸納和詮釋。其中，廣大班智達類是《龍欽七寶藏》，甚深古薩里類是《四寧體》。

心滴（寧體）法系有兩支主要傳承：毘瑪拉密札尊者的寧體傳承和蓮花生大士的寧體傳承。無垢光尊者在上師前獲得這兩個傳承的口傳，後在定境中親見蓮花生大士和毘瑪拉密札尊者，得其傳承和咐囑，編纂、撰寫了《四寧體》，共有五函，分別爲：一、《毘瑪寧體》，毘瑪拉密札尊者所傳；二、《空行寧體》，蓮花生大士所傳；三、《上師寧體》，是無垢光尊者爲《毘瑪寧體》作的廣釋；四、《空行仰替》，是無垢光尊者爲《空行寧體》作的廣釋；五、《甚深寧體》，是無垢光尊者總攝以上四函的內容而著的教言。因第五函的內容以前四函爲根本，故通常將這五函共稱爲《四寧體》。

到十八世紀，大圓滿傳承歷史上又一位集大成者——吉美林巴尊者（持明無畏洲）出興於世。他對全知無垢光尊者懷有極大的信心，在桑耶青浦進行三年三個月零三天的閉關時，於禪定中三次見到無垢光尊者並得到其身、語、意的加持，從而獲得了大圓滿的最高證悟。全知無垢光尊者相續中的寧體密續在吉美林巴尊者相續中完整顯現。他造了一系列論著開顯《龍欽七寶藏》的眞義。

吉美林巴尊者是毘瑪拉密札尊者和法王赤松德贊的雙入化身，而法王赤松德贊曾在蓮花生大士和毘瑪拉密札尊者前得到寧體傳承。這樣，吉美林巴尊者一身融匯了寧體法系的兩大傳承，並且得到全知無垢光尊者的意傳加持。

當年蓮師在桑耶寺給法王赤松德贊等弟子傳了《龍欽寧體》法，並由耶謝措嘉空行母將此法伏藏於諸弟子的本覺智慧中。蓮師給予授記灌頂，預言這些法要將由法王赤松德贊的轉世吉美林巴尊者發掘。九百多年後，蓮師的授記灌頂成熟以及善妙因緣具足，吉美林巴尊者在其光明心性中開啓出直接來自於法身普賢王如來和蓮師的意伏藏法——《龍欽寧體》。《龍欽寧體》集合了毘瑪寧體與空行寧體兩支傳承的精華，包括若干本續、附續及眾多竅訣、儀軌和引導，由吉美林巴尊者逐一開啓，並逐步寫成書面經函。

《龍欽寧體》源自普賢王如來，通過如來密意傳承、持明意表傳承和補特伽羅耳傳承的方式，經由歷代傳承祖師至吉美林巴尊者，始完整構建起龍欽寧體法系。

這一法系稱爲龍欽寧體，主要有三個原因：其一，此法是大圓滿竅訣部無上極密類法門，乃諸法心髓；吉美林巴尊者在禪定中親見無垢光尊者（龍欽繞降），得到大全知的加持和啓發，才把伏藏法完整開啓出來。其二，此法彙集了無垢光尊者傳下來、以《四寧體》和《龍欽七寶藏》等爲核心的寧體法系的精髓。其三，龍欽意爲無所不包，寧體意爲心髓。此法系既廣大甚深，又濃縮了所有法門的精華，誠如吉美林巴尊者所說「此即廣大界，此即是心髓」。

第三天

藏曆水龍年五月十五日

陽曆二〇一二年七月三日

阿彌陀佛節日

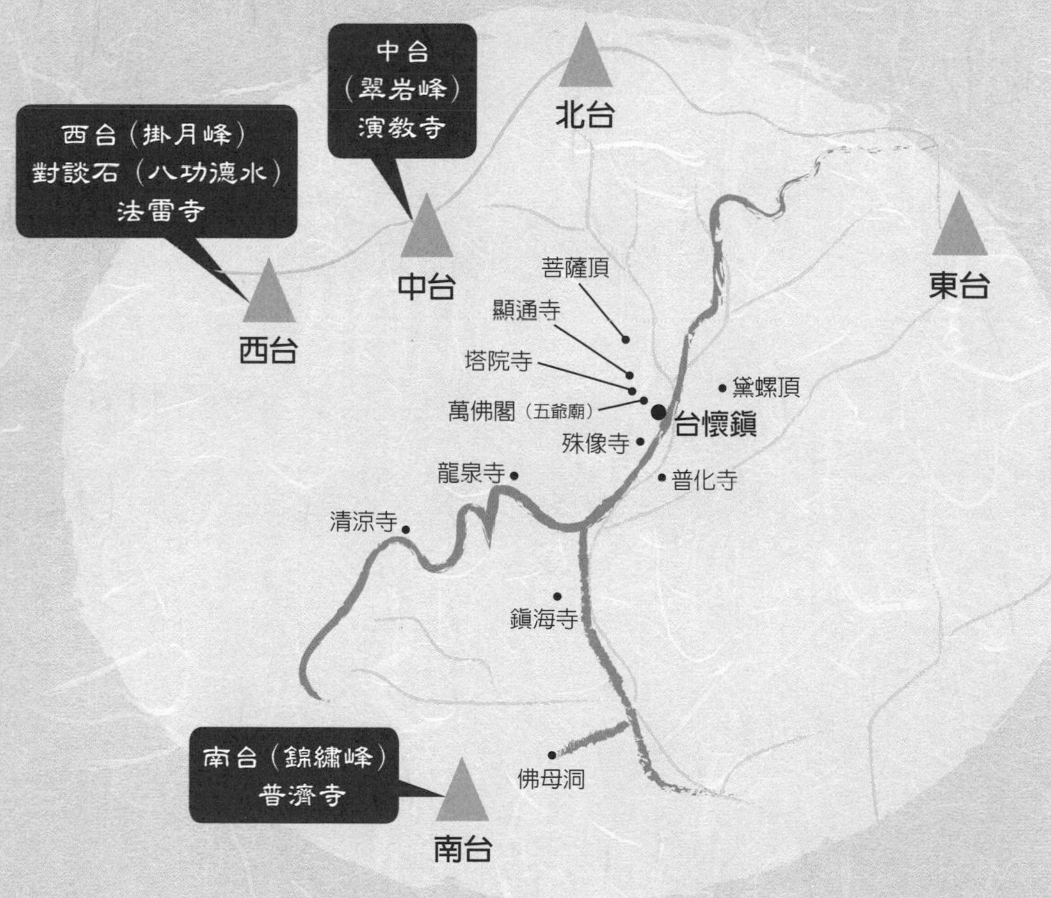

上師轉繞位於中台台頂的太華池。西方極樂世界有七寶池和八功德水，太華池好比是文殊剎土的七寶池之一

旅遊小資訊

南台（錦繡峰）

南台位於台懷鎮南十二公里，海拔二千四百八十五公尺，面積二百餘畝。台頂像倒立的藻瓶，周圍一里，細花雜草佈滿了整個山巒，猶如鋪上了綠色的地毯。這裡有罕見的「金蓮」、「日菊」和名貴的「銀盤蘑菇」。每年芒種過後，盛夏來臨，騾馬牛羊聚集山上，牧民們的歌聲迴蕩在山谷中，動人心弦。

普濟寺

普濟寺位於南台頂，寺內供智慧文殊。隋文帝時始建，宋代重建時名為普濟寺，從古至今是東北三省及京津直來五台山拜佛的必經之地，故被稱為五台山南門。普濟寺歷史上名家雲集、高僧輩出，至今保留著年代極為久遠的石佛殿。

中台（翠岩峰）

位於台懷鎮西北十公里處，海拔二千八百九十四公尺。是東南西北四座台頂的中心，是其餘四座台的發脈之祖，也是諸多河流的發源之地。其上建有演教寺，主供孺童文殊菩薩。演教寺西南百公尺處，是文殊菩薩於五台山說法演教的地方之一，建有漢白玉質地的文殊說法台。

西台（掛月峰）

西台位於台懷鎮西十三公里，海拔二千七百七十三公尺，台頂平如掌，面積三百餘畝。掛月峰的形狀，遠望猶如一隻翩翩起舞的開屏孔雀。每當明月高照，山泉潺潺，頗有詩情畫意的境界，月墜峰巔之際，恰如懸鏡。在西台頂上賞月，別具一格。

對談石（八功德水）

西台掛月峰下北三里，有天然泉水，被稱為「八功德水」。附近更有二石聳出，高達三丈，頂平而光潔，形如茶几，名為「對談石」。

法雷寺

「法」是指佛教的教理教義，「法雷」喻佛法如雷，能使衆生覺醒。法雷寺始建於隋代，位於五台山西台頂，寺後文殊塔內供文殊獅子像。在法雷寺東北還矗立著一座白色石砌舍利塔。

南台（錦繡峰）

普濟寺

西台（掛月峰）

對談石

法雷寺

大雄寶殿

中台（翠岩峰）

錦繡峰「靈境寂寞」

南台

南台錦繡峰，又名仙華山，位於台懷鎮南十二點五公里處，海拔二千四百八十五公尺，台頂周長一公里。五台山的東、北、中、西四台連襟而立，唯南台獨立聳峙，絕然挺拔，所以《古清涼傳》上稱它「靈境寂寞」。《清涼山志》云：「山峰聳峭，煙光凝翠，細草雜花，千巒彌布，猶鋪錦然，故以名焉。」

南台的春夏秋三季都風姿秀美，隨處可見瑤草香花。早春四月，清冽高寒的五台台頂依然白雪皚皚。然而在錦繡峰山腰間，灰黃色的枯草已經開始變成淡綠，像一幅水彩畫在妙筆之下隨性暈染，映襯在青黛色的山崖上。鵝黃明麗的迎春花最先帶來了萬物復甦的消息，映山紅、紫薇、胡枝子則扶著山石在低處蔓延。它們與山底的桃杏花、楊柳芽一起，妝點著自己的季節。

至農曆六、七月，豔陽高照，碧草連天。五彩爛漫的山花點綴在鬱鬱青青的小草間。白色的蒲公英、絳紫色的燈籠花、淺藍色的星星花、金黃色的金蓮花等共同編織成漂亮的地毯，覆蓋著山嶺的每一個角落，散發著特有的沁人清甜。秋天的南台則是各色山菊花的世界。還有收集了滿山的晨露和溪水而形成的長峽與飛瀑。

一定是因爲文殊菩薩要利益眾生的願力，南台不僅山花爛漫，而且草藥遍地，可謂寶地。

明朝儒士陳繼儒曾說：「閉門閱佛書，開門接佳客，出門尋山水，此人生三樂。」如今我們循著上師的足印禮謁文殊師利菩薩，悠遊於天地山水間，又有道友相伴左右，這是怎樣開心的事情！然而，弟子們一生之中，在上師身邊的日子太少了。因而朝聖每時每刻都很珍貴，點點滴滴都將留在我們的記憶裡，給生命的歷程帶來不竭的暖意。無從知曉這樣的機會一生之中能否還有第二次。

朝聖第三天的路線圖是南台、中台、八功德水、對談石和西台。清晨的霧靄還未散盡，草葉上的露珠還未滑落，我們就出發了。那時我們還不知道，在這一天裡，文殊菩薩會呈現很多不可思議的瑞相。佛經上說，懷著虔誠的心來五台山朝聖，就一定可以見到文殊菩薩。

晨光曦微中我們一路駛來，在蜿蜒的山路上前行。路面多是碎石，車輪捲起塵土，在薄薄的晨霧中飛揚。正是仲夏時節，山野綠草如茵如織。在接近峰頂時，常看到白色佛塔，它們優美的姿態象徵著佛法的興盛，總讓人悄然動容。南台的空靈靜謐中隱隱有一種高古寂寞的氣象，有如一位聖者已經解脫了世間所有的束縛，絕世而獨立。

普濟寺傳承修法儀軌

南台頂上建有石頭砌成的寺廟一處，稱普濟寺。普濟寺為隋文帝詔令修建，明成化間重修。它和北台的寺廟相比，顯得更加古樸。

寺門不是很高，上師進去的時候需要稍稍彎腰。站在形狀各異的青石板鋪砌的地面上，上師用藏語給同行的僧眾們大致介紹了一下南台，然後招呼弟子們一起來到文殊殿。殿內供奉著智慧文殊，殿前有文殊畫像碑。

文殊殿的一位出家人熱情地告訴上師說，後殿三間為石碹窯洞，稱為古文殊洞，因為那裡供奉著南台最為古老的智慧文殊像，應是宋元時代的遺物。

大殿裡，上師帶領弟子們頂禮智慧文殊菩薩。在《大自在祈禱文》的唱誦聲中，一行人來到了古文殊洞。老窯洞沒有窗子，洞內清涼，光線很暗，僅有的光亮來自點點微明的酥油燈，映在古文殊菩薩像的紅衣上。這一尊石雕的文殊像色澤古舊，儀態莊嚴。

上師供養頂禮畢，來到古剎大殿之間的空地上。這塊兒空地的大小剛好足夠讓我們一行共五、六十人圍坐其間，不留寬隙，卻不覺擁擠。陽光燦爛溫暖，地面滲透清涼，時而可見從石縫中長出來的嫩綠小草，它們無聲無息，微不足道，卻毫無造作，悠然自在，洩露了這靈境寂寞裡氤氳的無限盎然生機。

在殿堂入口處幾級石砌的台階上，鋪設一個坐墊，那就成了上師的法座。上師輕輕地坐下來，絳紅色的衣服和身後朱紅色的門牆相映，十分歡喜和諧。兩隻精巧的漢白玉小獅子一左一右立於上師旁，牠們脖子上繫著黃色和紅色的哈達，在陽光下煞是好看。兩隻小獅子的樣子看上去有點兒頑皮，像是在高處低頭凝視著上師的弟子們，又像是在守護著師父，可愛又吉祥。

空地的上方掛著五色的經幡，從一端的屋簷瓦礫接到另一端的院落高牆，在弟子們的上方隨風輕輕舞動。偶爾抬頭觀看，會看到五彩的經幡掩映著四周紅牆圈起的那一方湛藍穹空，恍然如夢。

在八吉祥傘下，上師拿著不久前剛剛印刷出來的《顯密念誦集》第一冊，慈悲地給弟子們開示道：

「今天是阿彌陀佛節日，特別殊勝的日子。在這一天行持善業，可以和阿彌陀佛結下殊勝的因緣，這種因緣能為我們將來的往生遣除很多障礙。我們從東台、北台來到了南台，南台供奉的是智慧文殊菩薩。最古老的智慧文殊像如今還在古文殊洞裡。大家在這裡一定要好好發願。

「智慧文殊就是白文殊，今天我給大家傳承米滂仁波切所造《阿字修法儀軌》，也就是白

南台普濟寺，希阿榮博上師在大殿前的台階上為弟子們傳承白文殊修法

文殊的修法。這個修法非常殊勝。以前沒有翻譯過來，這次我們在做《顯密念誦集》時翻譯了。儀軌雖短卻很有加持力。法王如意寶曾在光明夢境中見到米滂仁波切，並於夢中從米滂仁波切處得到『阿』字修法的灌頂。法王給根基相應的弟子傳授了這個法門。所以『阿』字修法的傳承極爲清淨，屬於大圓滿法。所有的佛菩薩的心咒都是從『阿』字來的，如果『阿』字能夠修成，所有的心咒就都可以修成。幾乎所有的法王如意寶的弟子都念了一億遍『阿』字。《念誦集》中白文殊的唐卡非常漂亮。」

（說著，上師把《念誦集》中的白文殊像展示給弟子們看。）

上師念傳承的聲音委婉低沉，很有穿透力，行雲流水般的流淌在弟子們心裡。偶有小狗的叫聲，但是在上師的加持下弟子們的心恬靜安詳，像是佛前的一炷清香，輕盈地上升、擴散開來，淡淡地融入虛空中。

傳承完畢，上師回憶起法王如意寶，他接著開示道：

「古往今來的很多高僧，像薩迦班智達、龍欽巴尊者，包括法王如意寶都對文殊菩薩和五台山有極大的信心。在一生中能來五台山朝聖是他們最大的心願。

「以三世十方諸佛菩薩爲對境供養七寶，並守持清淨戒律的功德很大，仍不如對文殊菩薩生起信心並朝著五台山的方向走七步的功德大。佛經中說，向寂靜處走七步都有不可思議的功德。《諍辯經》云：『倘若朝此四聖地，五無間罪亦淨除。』四聖地指佛祖的出生地、成道地、轉法輪地和涅槃地。同樣，朝拜五台山也有同樣不可思議的清淨業障的功德。

「五台山是沒有爭議的眞正的人間佛菩薩淨土，將來你們可以常常來這裡修行，非常殊勝。修行使我們暇滿難得的珍寶人生變得有意義，然而人的一生中沒有多少修行的時間，朝著五台山走七步都有很大的功德，何況我們到了這裡，所以在這裡應該護持好自己的心念，精進修行。接下來，我給你們傳承《阿彌陀佛修法儀軌》。」

寺東有一石砌寶塔，爲普賢舍利塔。文殊洞後則是一尊白色佛塔，站在塔下俯瞰南台，靜寂的峰頂，竟然蘊藏著無限的生機。高山草原上，恣意開放的金蓮花，在陽光下波浪起伏，有時金黃一片，有時間或有星星點點的、隨風搖曳的紫色和粉紅色的小花，讓人想起金代詩人元好問的詩句：「沉沉龍穴貯雲煙，百草千花雨露偏；佛土休將人境比，誰家移步得金蓮。」在上師的加持下，帶著一顆安靜慈悲的心，美麗的景色、拂面的微風和小鳥的鳴叫好像和以往有些不同，少了些固有與眞實，彷佛是幻化在眼前。一切源於上師，就像陽光源於太陽，一切都是上師的化現。

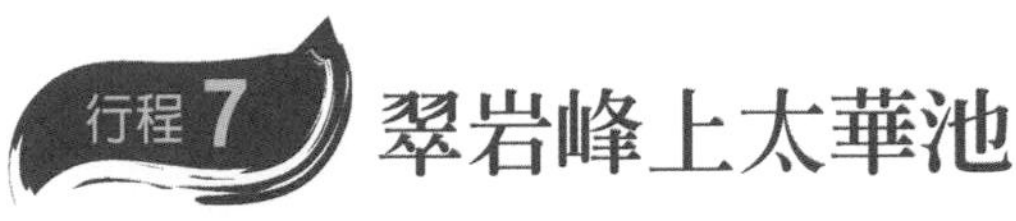

中台

中台翠岩峰，位於台懷鎮西北十公里處，海拔二千八百九十四公尺。從南台到中台的路有些遠，有一陣子，山路崎嶇，行車顛簸，上師卻展開一本藏文版的《五台山歷史》，靜靜地讀起來，彷彿身外無物。朝聖途中，利用閒暇，上師依然在思考和撰寫《前行筆記》。

我們來到一個岔路口，爲了等候後面的弟子，上師也從車上走下來，回頭望著來時的路。碧藍的蒼穹之下，蜿蜒的山路來來回回地分佈在山嶺之上，不知其所起，亦不見所終。由於中台、西台和北台緊密相連，它們之間形成緩慢起伏的山坡，其間孕育了眾多甘泉與池塘，潤澤了山石與黃土，使得海拔二千四百公尺以上的高山草原異常美麗。紫色、黃色、白色的小花散落在油草之間，滿山遍野。夏秋之際隨處可見牛羊，好像白色、黑色的音符跳動在草地上。根據地質學家的研究，這裡的高山草原生長了上億年的時間。草枯又綠，花謝又開，流轉在無盡時光的五台山的高山草原，映襯在藍天白雲下，像極了色達的草原。

上師曾做過一個叫做《恩德》的視頻，其中講到在喇榮五明佛學院，一年當中四眾弟子的聞思修行從不間斷。而只有在藏曆五月間，當漫天碧綠的草原上開滿了紅色、紫色、黃色和白色的野花，大家會來到學院旁邊的草地上耍壩子（藏地風俗）。視頻中有一段法王的珍貴錄影，那是二〇〇〇年和四眾弟子們一起耍壩子時，法王用跳金剛舞的方式繞場，以和前來覲見的信眾們見面。很多次走在通往台頂的山路上，都會有一種錯覺，彷彿回到了色達的迷人草原。恍惚之際，當年法王跳金剛舞的景象歷歷重現在眼前，那是上師最爲開心的歲月。轉眼間我們已到台頂。

中台頂廣平，遍佈龍蟠石，形成亂石翻滾的石海，靜止之中仍然氣勢磅礴。《清涼山志》云：「巔巒雄曠，翠靄浮空，因以爲名。」中台山形如雄獅，是東台、西台、南台和北台的中心，四台環繞連綿，各得其位而又相互映襯，相輔相成，渾然一體。

《水經注》云：「峨谷之水，出於中台。」台頂西北有太華池和甘露泉，東南有玉花池和三珠泉。另有五溪發源於此，二溪注入清水河，三溪注入滹沱河。

上了中台頂，上師首先來到太華池。西方極樂世界有七寶池和八功德水，太華池好比是文殊刹土的七寶池之一。

太華池旁建有一亭，亭中有灰色石碑，碑刻三個雋永漂亮的絳紅色篆字「太華池」。上師在亭旁逗留，手裡拿著八吉祥傘和念珠，傘輕輕地靠在肩上。圍繞著上師，弟子們異常歡喜，陽光般燦爛的笑意書寫在每一個人的臉上。上師帶笑凝視眼前的一切，不時地抬起右手摸一下自己的頭。這個爲弟子們熟悉的動作被稱作上師的「招牌動作」。

天氣晴好，日光明媚，薄薄的雲彩隨意地在蔚藍的虛空中飄動，輕盈柔美、舒卷自在。浮雲隨風變換著形狀與姿勢，卻一點兒也不影響太陽的普照。彷彿爲了給上師的開示提供一個美麗的背景，太陽周圍出現了一圈彩色的光環，圓滿而吉祥。而這吉祥更加是內在的。弟子們不顧強烈的陽光可能傷及相機鏡頭，紛紛仰頭拍照。

在歷代描寫五台山的志書和史料中，不乏關於各種神奇彩虹的記載。它們被稱爲「靈光」、「佛光」或者「圓光」。彩虹不同於雨後常見的拱橋形而呈現爲圓形，有時在光環裡還會出現自己的身影抑或幻化出菩薩的身影。《清涼山志》載：「若夫精心瞻仰，刻意冥求，聖境靈區，

師徒一行到達中台太華池時，天空出現一圈彩色光環

中台 7 行程

希阿榮博上師帶領弟子們右繞太華池

有時而現。或神燈觸目，或佛光攝身，或金閣浮空，或竹林現影。」「實百靈之沖府，乃萬聖之玄都。」「徵其源也，乃曼殊大願之所持，如幻三昧之所現。」《清涼山志》的這段話用現代漢語來表達，大致意思就是，如果朝聖的人對文殊菩薩有無上的信心，又能虔誠地求祈禱告，在五台聖境就會出現這些瑞相。倘若用人體來做比喻，那麼五台山可以說是經絡氣脈交匯的能量中心或者神經中樞。究其根源，這些瑞相乃為文殊菩薩大願所攝持而產生的如夢如幻的某種顯現。根據記載，除各台頂外，菩薩頂和黛螺頂也曾出現。

誠如佛經所云，帶著虔敬的心來朝拜五台山，一定可以見到文殊菩薩。而文殊菩薩不一定是以手持寶劍與經函的報身佛的形象示現，他會以異彩紛呈的和眾生心相應的形式顯現，以此來加持度化眾生。美麗的彩虹實乃文殊菩薩之顯現。法王如意寶一九八七年蒞臨五台山時曾經說過，能夠見到文殊菩薩的顯現非常殊勝，如果見到又有信心的話，就可以清淨無始以來的很多業障。

在七月三日這一天，從早晨開始，圓融的「佛光」便在中台頂一直相隨；接近中午時分上師於西台附近賜予灌頂時再次出現；翌日，上師在善財洞傳法的時候，靈光又一次顯現。

上師開示道：

「我們來到這裡，清淨的人看到的就是七寶池，不清淨的人看到就是水泥砌的池子。今天正是阿彌陀佛的節日，緣起非常殊勝。

「在《佛說阿彌陀經》中，佛祖告訴舍利弗說，七寶池周圍四邊，不是水泥磚石所砌，是金銀琉璃形成。水底也不是泥沙覆蓋，而是佈滿金沙。寶池上面有各種亭台樓閣，都以七寶裝飾。生於西方極樂世界的菩薩們，在七寶池裡自在沐浴。

「在《觀無量壽佛經》中，佛陀告訴阿難及韋提希說，在七寶池中有微妙香潔的蓮花，花間如意水流注，微妙的流水聲，演說苦、空、無常、無我之妙法。

「因爲彌陀大願之殊勝，西方極樂世界的功德不可思議。我們應該對西方極樂世界生起渴求心和信心。米滂仁波切在《淨土教言》中曾說：『往生極樂世界有四種因：觀想阿彌陀佛、積累無量善根、發菩提心、發清淨願。』西方極樂世界和其他淨土不一樣，有的淨土需要一地菩薩以上才可以去，眞正帶業可以往生的是西方極樂世界。凡夫不造謗法罪和五無間罪，按照往生四因進行修持的話，一定可以往生。在菩提心的攝持下修行的話，到了極樂世界以後就成爲登地菩薩。那時候再繼續修行就很容易。

「大家跟我一起轉繞太華池，念《大自在祈禱文》。我們一邊唱一邊繞。」

上師走在最前面，左手撐著八吉祥傘，他的輕盈安靜的腳步好像不是踏在堅硬的並不很平坦的泥土上，而像是踏在虛空中一般。微風吹起他的披單和裙子，顯得上師高大的身體好像沒有太多的重量，可以隨著風輕輕搖擺。上師的姿態寧靜祥和，有一種承載含藏萬物而又靜默謙和的氣質，讓所有只要看到的人都生起歡喜和信心。

文殊菩薩於五台山說法演教之地

中台演教寺始建於隋朝，現存的殿宇爲明朝一位梵僧在此重建。

他鑄鐵爲瓦，明武宗賜額「演教」。五台頂所供文殊都有所不同，中台供奉的是文殊童子。

一九九六年十月一日，旭日初升，在如日般的覺空境界中，法王如意寶脫口唱出道歌《三世佛語合而爲一文殊童子歡喜笑音》。其中第一個偈頌就是：「自心無生光明性，即是了義文殊尊。」這是對文殊童子最好的詮釋。「童子」象徵文殊菩薩已徹悟諸法實相，安住於不來不去、不生不滅的法界之中，故無有變遷，永不衰老。

《寶鬘論釋》有云：「頂禮文殊童子！在遠離一切過患（文）、具足二利之福德（殊）、身體無有老衰（童子）的文

中台演教寺大殿內，希阿榮博上師為弟子們傳承《四臂文殊修法儀軌》

殊師利童子前作禮。」

從四面八方趕來和上師一起朝聖的弟子在不斷增加，而演教寺的文殊殿剛剛好被我們占滿。回顧上師爲我們傳法、灌頂或開示的每一個地方，都正好能夠容納所有的弟子，也不會大也不會小。無論是寺廟殿堂，山洞外的空地，還是清涼石或者對談石等等都是如此，非常吉祥圓滿。

弟子們席地就坐，和上師一起念誦了很多經文。念誦畢，上師開示道：「今天在中台我給你們傳《紅黃文殊成就諸事業——平日智慧修法精要儀軌四臂文殊修法儀軌》，爲米滂仁波切所造，非常殊勝。法王在的時候，五明佛學院一直修持這個儀軌，將來文殊菩薩成爲你們的本尊時，就可以用這個儀軌來修。」

紅黃就是橙色的意思，《顯密念誦集》中四臂文殊菩薩的法相非常莊嚴。獲得了來自上師的傳承，感覺上，像是上師把弟子引薦給了文殊菩薩一樣，從此以後再看到橙色文殊就像遇見自己很熟悉的人那般親切。時至今日，上師帶領弟子們念誦儀軌中文殊心咒「嗡 阿惹 巴匝納德」的聲音依然迴響在耳邊。

上師接著說：「在聖地好好發願特別重要。請亞瑪澤仁活佛帶領大家一起念誦《普賢行願品》，他的聲音非常好。」

隨後上師轉繞大殿，然後把手中的哈達輕輕揚起拋向殿內諸菩薩和文殊童子，柔軟的金黃色哈達飄落在金色佛像的手裡或肩上，和諧而又莊嚴。供養畢，上師俯身頂禮文殊童子。大殿裡充滿了經文和心咒的唱誦聲。

當我們走出文殊殿，來到殿前的空地上，首先映入眼簾的又是那虛空中圍繞著太陽，殊勝的圓形彩虹。它依舊高懸於天際，照耀和關懷著大地。佛光的色彩比早上更加鮮豔了一些，穿梭而過的風也強勁了很多。繫在欄杆上的經幡和哈達在風中舞動，呼呼的聲響也彷彿在演說著無上的妙法。萬里穹空上的祥雲呈現祥龍瑞鳳的形狀，龍首、龍身、鳳頭、鳳羽清晰可見。也有一、兩朵零星的白雲，幻化成標準的如意形狀，從遠方的天際穩穩地朝著我們的方向飄過來。

今日的天象如此吉祥，上師也微微仰頭來凝望四周的祥雲和圓圓的彩虹，顯現上非常歡喜。不知是哪一位出家師父隨意地唱起了藏族的歌謠，悅耳動聽的歌聲裡，此時此景，我們恍如置身扎西持林的雪山和草原，周圍是佛塔、壇城和廟宇。

演教寺內有古式精舍一所，東屋供奉著石刻文殊菩薩像，西屋供奉著石刻彌勒菩薩像。室內的花幡等供養用具，都是唐代玄奘法師的弟子窺基大師所置。演教寺西南百米處，是文殊菩薩於五台山說法演教的地方，建有漢白玉質地的文殊說法台。

正殿前有舍利塔一座，高十三點三公尺，周圍雕刻著惟妙惟肖的十八羅漢像。塔身石龕內供石雕佛像三尊，基座是仰覆蓮瓣須彌座，爲唐代作品，乃五台山最爲珍稀的佛塔之一。在台頂的寺廟有這樣的楹聯：「獅子有靈曾印跡，蟠桃無歲不生香。」雨花老人亦有詩云：「誰跨狻猊到五峰？徐行踏遍玉芙蓉。一方石上遺靈跡，八水池邊絕異蹤。花落每經香雨濕，春深惟有綠苔封。杖藜歸去應尋覓，見在西巖第幾重？」

念誦著蓮師心咒，弟子們陸續地到齊了，牆外的空地剛好足夠容納我們。上師從窗口探出頭來，一部經函放在窗棱上。由於殊勝的緣起，上師在這裡賜予隨行弟子們蓮師緣起除障灌頂（列繞林巴大師的伏藏，是增上順緣、遣除違緣與障礙的極其殊勝之法。其修法儀軌《緣起除障攝義儀軌》已經翻譯，收集在《顯密念誦集》第三冊中）。上師所用灌頂的儀軌雖然是簡略的，卻包含了生起次第和圓滿次第的內容。

西台的一個山洞內，希阿榮博上師為隨行弟子賜予蓮師緣起除障灌頂

灌頂前，上師語重心長地就金剛乘的傳承和灌頂做了簡要開示：

「五台山是大圓滿的傳承祖師們駐留的地方。毘瑪拉密札昔日來到這裡依止師利星哈祖師二十年，再回到印度，一百歲時被赤松德贊國王迎請到藏地，在藏地十三年又回到五台山金剛窟。嘉納蘇札祖師也是在善財洞依止師利星哈祖師。蓮花生大士也一定來過五台山。今天在這裡給弟子們灌頂，緣起非常殊勝。

「佛陀的教言可以通過文字流傳下來，但佛法的眞諦只存在於上師的心裡，它的傳承只有一條途徑，那就是以心傳心。

「密宗非常重視傳承，得到傳承以後修持和沒有傳承時自己修持，功德與加持相差很多。眞正的傳承是從佛到現在，每一代的傳法和承受法脈都傳承有序，一代一代延續到現在，沒有中斷過。有一些法門，可能中間斷過，或者現在已經斷了，後學者依據佛經學習和修行。閱讀、抄寫佛經有無量的功德，但傳承清淨而不曾中斷的法脈是殊勝的法緣，是修行成就的依怙。

「密法中大圓滿法的傳承從普賢王如來至今，法脈沒有斷過。我的傳承是從法王如意寶等具德上師那裡得到的，法王如意寶是眞正的佛。雖然我不是活佛，也沒有什麼成就，但是讓我自己感到欣慰的是，在我依止法王如意寶的二十多年裡，從來沒有對上師起凡夫想，沒有違背中這樣回憶法王：「法王如意寶的一生是個無盡藏，凡是與他結緣的人都會得到他的好處。他把自己當作一個無所不有的寶庫，別人需要什麼儘管拿去，取之不盡，用之不竭。」幼年的磨礪與過往的酸楚讓上師理解人生的痛苦和無常，讓他更加渴望爲那些有需要的人們提供無私的幫助與溫暖的依怙。和上師接觸過的人都了知，上師心地柔軟，最不願意也不忍見弟子們產生煩惱。上師常常說：「如果我不能給弟子們帶來利益，也希望弟子們不要因爲我的緣故而產生煩惱，使自己的佛法修持受到障礙。」不論弟子帶著多少願望與執著來見上師，他都不辭辛苦，盡可能一一給予滿足，往往疲倦不堪才稍事休息。曾經有授記說，凡是和上師結緣的眾生都能得到利益。

寫到這裡的時候正是法王如意寶圓寂九周年紀念日，也是藏曆水龍年十一月十五日，阿彌陀佛的節日。五明佛學院和扎西持林都從這天開始舉辦紀念法王的法會，以念經、供燈、放生等方式利益眾生，供養法王如意寶和阿彌陀佛。當天早上，上師在微博裡發佈了不少五明佛學院和扎西持林法會現場的照片。

稍後得知，上師正是於這一天圓滿完成了《同生極樂國》的撰著。當天夜裡，上師夢見了法王如意寶爲弟子們灌頂傳法，並整宿都置身光明歡喜的夢境之中，緣起非常吉祥。

一位上師的弟子心裡一直存有遺憾，那就是自己從未有幸親見法王如意寶，每一次看到法王的照片或聽到他的故事，都會傷心落淚。在上師灌頂的時候，她哭了很久。她說，如果沒有上師的慷慨和慈悲，不知道自己還要在迷惘和孤獨中流轉徘徊多久。雖然自己沒有其他師兄那麼大的福報能夠親見法王，但是幸好還有上師在。

念及上師的辛苦、承當和恩德，念及上師病後尚未完全恢復，還是這麼消瘦就帶領弟子們朝聖，給弟子們傳法，很多弟子傷心哭泣。

灌頂之後上師又仔細地叮嚀：「這次朝聖的行程特別圓滿。如果我們能好好發願的話，在我成佛的時候，你們會成爲我的第一批眷屬。所有的眾生都會成佛的，我也一定會成佛。那個時候，有的弟子如果先成佛了，就會以菩薩的顯現成爲我的眷屬。有的後成佛，那時候也一定會是我的眷屬。這次緣起很殊勝，大家一定要好好發願。當我把蓮師像放在你們頭頂時，請大家觀想蓮師身語意融入自己心間。」

一位弟子輕輕發願：「眾生生病我願是藥，眾生想要渡河我願是橋，眾生想要寫字我願是紙和筆，我願成爲眾生所需要的一切。願我生生世世和上師永不分離，在一起弘揚佛法，利益眾生，直到證悟成佛。」

弟子們恭敬合掌，排著隊從上師的小窗前慢慢走過，上師爲我們一一加持。幾乎所有的弟子臉上都帶著淚水，無論是最不愛哭的男師兄，還是最愛哭的女師兄，在這一刻好像沒有什麼差別。

【典故】

文殊菩薩與維摩詰大士對談石

在西來寺用過簡餐之後，上師帶領弟子們來到了兩塊大小彷若的巨石之上。石面坦蕩，平整光潔，相對相望。師父則在其中一塊巨石落座，法相莊嚴而又意態清淨。這裡的視野極其開闊，早晨可以眺望旭日東昇，朝霞如海；傍晚可以注目落日西沉，紫浪浩渺。上師灌頂時出現的環形彩虹漸漸優雅地退散開來，一時天地通透，燦爛的陽光盡與鋪灑，唯有蒼穹盡頭低低地徘徊著幾片薄薄的雲，此外則是碧空如洗，萬里無雲，視線和天際交匯於無窮的遠方。

聖地的一切超離言思。如果我們於佛法能生起一絲一毫的理解、體會或感悟，都是因為上師的願力與功德。有感於此，一位弟子自言自語般念道：「誰之智慧，離二障雲，猶如淨日極明朗；所有諸義，如實觀故，胸中執持般若函……。」

《清涼山志》記載：「唐法林，見緇白二叟坐談石上，近之則失，因為名。」相傳在唐代，有人遠遠望見兩位老者對坐石上，彷彿在交談的樣子，但當走近時，卻又難尋蹤跡。據傳，這二位相揖對語的老者正是文殊菩薩和維摩詰大士的化身。覺玄詩曰：「妙德弘開向上關，維摩一默不輕還。對談若謂無言說，風雨依前點石斑。」想來曾在對談石上端坐冥想的智者，於此山林間，取雲霞為伴侶，引青松為心知，何等自在無礙，歡喜清淨。

根據《維摩詰所說經》載，有一次維摩詰大士示現生病，佛陀指派阿難、舍利子以及諸大菩薩代為探視，卻無人敢去，因為大士境界太高，難為酬對。文殊菩薩讚其功德曰：「深達實相，善說法要。辯才無滯，智慧無礙。一切菩薩法式悉知。諸佛秘藏無不得入。降伏眾魔遊戲神通。其慧方便皆已得度。」雖然如此，文殊菩薩還是承佛陀旨意前往探病。一時，「八千菩薩，五百聲聞，百千天人皆欲隨從。」就是說，文殊師利和維摩詰兩位大士對談，必定演說甚深妙法，精彩絕倫，自然沒有人願意錯過這樣的機會，於是無論是菩薩、聲聞還是天人都去旁聽。兩位皆是古佛再來而示現為大菩薩，皆是妙智無量，辯才難思。演說如來「不二」法門，無有更合適者。他們的對話錄，也就是《維摩詰所說經》。這部經典宣說的如來藏佛性，屬於佛陀在第三轉法輪中宣說的內容，和密宗本來清淨、光明的觀點已經非常接近。

雖然，這裡並非文殊菩薩前去探病的地方，卻不難想像，兩位大士不僅一談成經典，而且從此成知己，心心相通。文殊菩薩既然居於此地，維摩詰大士應會造訪。來訪之時，文殊菩薩與許就請他於此石上雅座對談。想必二人，對坐石上，這一幕遠遠地被一位叫做「法林」的僧人看到，但走近卻又不見人影，這才有了對談石的名字。

神奇的八功德水

八功德水是五台山西台的泉水，西台十七靈跡之一。據徐霞客《遊五台山記》記載，八功德水位於台北往下三里處。上師在去八功德水的路上路過西來寺，寺內供有蓮師三尊等聖像。上師在大殿中爲佛像開光，並念誦了經文。

去往八功德水的路上，一朵獅子狀的祥雲在正前方悄然升起

由於八功德水的潤澤，在通往泉水的路旁，一個小小的山坡之上，沒有池塘卻生長著許多繁茂的旱蓮花，荷葉青翠欲滴，構成一幅清雅動人的圖畫。繼續前行，一朵獅子狀的祥雲迎著上師從西台頂的山嶺後緩緩地悄悄升起，牠不斷變換著萬千繽紛姿態，時而伸出前腳做幾步騰躍，時而張開嘴巴吐幾口瑞氣，然而無論怎麼變都仍然像極了獅子。

有詩讚歎八功德水曰：「西嶺巍峨接遠蒼，回瞻鄉國白雲傍。孤峰嶺翠連三晉，八水分流潤四方。晴日野華鋪蜀錦，秋風仙桂落大香。當年獅子曾遺跡，岩谷常浮五色光。」蒼茫的山嶺，在遊曳的白雲間若隱若現。靈台秀水浸濕四野，潤物無聲。因爲獅子曾經來過，這裡的山谷間常常漂浮著五色光。

《稱讚淨土經》說八功德水具有八種特殊功德。第一是澄淨，澄澈清淨；第二是清冷，脫離熱惱、清涼寒冷；第三是甘美，是指水的味道，甘甜醇美；第四是輕柔，是指水的性質，輕浮柔軟，不似人間的水，可以隨心意而向上流淌；第五是潤澤，如雨露般可以滋潤萬物；第六是安和，寧靜柔和，不會有湍急的水流；第七是除患，可以清淨業障與過患；第八是增益，可以增長善根，有益身心。

山谷裡的八功德水泉湧如注，確實澄澈冰冷。上師俯下身子，以手爲鉢，掬起一捧緩緩流淌的水，喝了下去，如飲瓊漿。上師又隨意地捧起泉水灑在自己的頭上，水花飛濺而起，如同散落的大小銀珠，在空氣中折射著太陽的光輝，顆顆晶瑩。廣闊的天地和盛大的山林，似乎倒映在每一顆水珠中，隨其翻轉飛舞。天地和山林在其中不斷變幻著形狀和色彩，好像是微縮的小世界，又好像是棱鏡製成的繽紛萬花筒。

清泉周圍的山坡上，綠樹成蔭，枝繁葉茂，疏影在陽光下斑駁成畫，其間似有淡淡的雲煙繚繞。上師輕輕接過弟子們遞上的經旗，繼而囑咐弟子們念誦百字明，並將經旗的一端繫於半山腰的枝杈上。弟子們則歡快地接過另一端，延展開來，拉遠，繫好。和風輕輕搖動著五彩的經旗，在八功德水的山谷裡，好像眞的有五色光在漂浮。

我的淨土到了

多芒揚唐仁波切 傳

（上下兩冊不分售，拆封不退）

作者／卻札蔣措

定價／1200元

本書是多芒揚唐仁波切前世今生、行儀實錄與開示精華的總集。這是關於一代藏傳佛教大師的歷史敘述，也是一本指引修行心要的寶典。

多芒揚唐仁波切，生於印度邊陲的小國錫金，出生不凡。在錫金，他被視為藏傳佛教大圓滿宗師拉尊的再來人；在西藏，他被認證為偉大伏藏師多傑德千林巴的轉世。在仁波切逾25年的傳法生涯中，台灣與他最為有緣，也是他駐足最久之地。

延伸閱讀

大成就者傳奇
54位密續大師的悟道故事
定價／500元

證悟的流浪者
巴楚仁波切之生平與言教
定價／580元

藏傳佛法最受歡迎的聖者
瘋聖竹巴袞列傳奇生平與道歌
定價／380元

橡樹林全書系書目

橡樹林好書分享

|橡|樹|林|

扎西旺秋喇嘛順手從地上拾起兩片石頭，用它們打著清脆悅耳的拍子。在《大自在祈禱文》唱誦的妙音裡，上師和弟子們一起圓滿了對八功德水的朝禮。

法雷寺開示朝禮五台山的因緣

八功德水距離西台頂只有三、四里地之遙，山路卻很陡峭，彎也很急。來到西台頂，但見法雷寺在沉沉暮靄中如如不動，夕陽爲它披上了一層融融暖光。上師立於台頂，示現上非常欣喜，爽朗的笑聲久久迴響在空曠幽靜的山谷中。站立台巔向西觀望，只見山嶺層疊，峰巒起伏，如一幅綿延的卷軸水墨，漸次展開，一直延伸到天邊外，而空茫的天際成爲了畫中的留白。

法雷寺，「法」即是佛法，「雷」則爲雷聲。「法雷」喻佛法如雷，能使眾生覺醒。法雷寺供奉著「獅子吼文殊菩薩」。《維摩詰經．佛國品》：「演法無畏，猶獅子吼。其所講說，乃如雷震。」而《文殊禮讚文》中也有這樣的偈頌：「如大雷震，煩惱睡起，業之鐵索爲解脫。」故獅子吼之意是說文殊師利菩薩演說甚深妙法，猶如雷震，喚醒沉睡之眾生。然而，獅子頻繁蒞臨西台，菩薩或者另有密意，非我等凡夫所能測度。

於此大殿正中央，供奉著文殊菩薩，列兩側的分別是普賢菩薩和觀音菩薩。三位大菩薩皆然端坐於各自的寶位之上。文殊菩薩的蓮花座下，可見一尊金色的獅子回首仰望。靜寂莊嚴之中彷佛聽到了牠銜著空谷幽林發出的獅吼聲。

上師於大殿一側坐下，開示道：「請大家坐下來，在這樣殊勝的地方，我們一起念誦《普賢行願品》。然後我給你們念誦兩個傳承，《文殊智慧勇士修法》是法王如意寶掘取的一個伏藏，《釋迦牟尼佛修法儀軌》是米滂仁波切所造。」

萬籟俱寂，上師念口傳時不覺斗轉星移、天色漸暗。上師接著開示：

「這次朝聖瑞相特別多，非常殊勝。一九八七年我來到五台山時，法王在塔院寺念誦《普賢行願品》、在菩薩頂傳法、在善財洞閉關的時候我都在。但是後來因爲一些違緣，我到了中台和西台之後，五台的朝禮沒有圓滿我就只能返回藏地。這次全部圓滿了。法王如意寶以前說過，他從小對文殊菩薩有不共的信心。一生中最大的願望就是來五台山朝聖。眞正實現這個願望是在一九八七年。在一九八七年之前，法王於夢中以幻身遊歷五台山一共三次。一次在東山山腳下，看到文殊菩薩的顯現；第二次在草地上。一九八七年法王如意寶眞身蒞臨時，很多情景與夢中來的一模一樣。每到幻身曾經遊歷之地，法王如意寶就會停下來念誦《普賢行願品》。

「法王的功德確實不可思議，我是凡夫，不可能完全說出法王的功德，眞正的十地菩薩也很難圓滿說出他老人家的功德。法王是眞正的功德圓滿。這次朝聖的所有行程我們是完全依照法王如意寶的因緣安排。我與法王的因緣特別近，你們也是一樣。法王去過的地方感覺不一樣，比如那羅延窟、金剛窟、菩薩頂、黛螺頂、善財洞和清涼屍林。在這些地方的加持力很大，和別的地方不一樣，我們的心裡感受也不一樣。法王如意寶雖然示現圓寂，到了極樂淨土，但實際上從沒有離開過我們。文殊菩薩也是這樣，一秒鐘也不曾離開。一般人可能沒有見到金黃色的文殊菩薩的形象，但是我們看到的很多瑞相，都是文殊菩薩的顯現。比如從這次朝聖的第一天開始，每天都出現彩虹、光環、祥雲，毫無疑問這些就是文殊菩薩的顯現。這次朝聖特別圓滿。這麼殊勝的地方，大家要觀清淨心，好好發願，發願特別重要，在這麼殊勝的地方，只要我們發願清淨，願望一定會實現。」

弟子們隨上師一起念誦了《普賢行願品》和《大圓滿基道果無別發願文》等經文。在優美唱誦聲中，夜幕悄悄降臨。月樹憑欄，飛淩飄渺；雲房啓戶，坐看氤氳。我們圓滿了朝聖第三天的行程。

佛陀成道後，在四十九年的時間內三轉法輪，爲眾生宣講了八萬四千法門。初轉法輪，佛陀教授了四諦法門；二轉法輪，佛陀開示了般若空性法門；三轉法輪，佛陀開演了光明如來藏本體。四十九年中，佛陀用了二十二年宣講般若空性法門，揭示萬法實相，是爲三界眾生走向解脱所不可或缺。

佛陀曾教誡阿難道：「即使你把我所講的法都忘失了，般若的隻言片語也絕不能忘，當以對如來知恩報恩之心，受持此般若，切莫失毀。這一點理應銘記於心！」當年法王如意寶也每日念誦《般若攝頌》，而且他可以完整背誦。

留存人間的《般若經》包括廣中略三種。廣般若，有十萬頌；中般若，有二萬五千頌；略般若，有八千頌。所有《般若經》的精華，都包含在《般若攝頌》中。將《般若攝頌》進一步濃縮，就是《心經》。由此可知，《般若波羅蜜多心經》是佛法的精髓與核心，其內容雖簡卻足可統攝八萬四千法門。很多人以爲《心經》簡單，其實不然，它是大乘經典中，文字最短少、經義最深奧微妙的經典。

佛經當中講過，聽聞空性的人，必須是有很大福報與智慧的人。思維和修持空性也有很大功德。《中觀四百論》說，對空性有一點點體會，就已經打破了輪迴的因，輪迴就不可能持續太長。哪怕只是對我們原來執著爲實有的一切，對它們的眞實存在產生一點點懷疑，也有很大的功德。

現代人對世間法非常執著，由此帶來很多不必要的痛苦。所有的痛苦都來源於對我的實有執著，要想斷除煩惱，證悟空性應是唯一徹底的解決方法。透過領悟《心經》，或進一步修持般若的法門，對空性有一定的體會，了知我們認爲實有的一切，包括我們自己，都沒有實際存在的本質，都是空性，一切如夢如幻，這對調伏自己的煩惱也有很大的幫助。

《心經》與大圓滿

《心經》講的是空性，而從更深的角度去理解，《心經》實際上不僅僅宣說了空性，也講了佛陀在第三轉法輪中宣說的如來藏，這已經和密法比較接近。如果證悟的話，《心經》是接近大圓滿且卻的境界，是有關空性的修法。

大圓滿托噶特別殊勝。我們總以爲所看到的是外境，其實是自己的本心。《大佛頂首楞嚴經》云：「不知色身外洎山河、虛空、大地，咸是妙明眞心中物。」有的對境看起來動得很厲害，是因爲我們的心不夠安靜。

圓滿地修持了且卻的修行者在圓寂後的數天裡，他們的色身會消融不見。在這個過程中，周圍總是有彩虹般的光，所以被稱爲虹身成就者。而圓滿了托噶的行者可以將色身轉變成微妙的光蘊身，並且在利益眾生的因緣未盡之前一直住於其中。蓮師虹身成就，飛到鄔金剎土。毘瑪拉密札祖師也一樣，千佛成佛以後，他將在金剛座下示現成佛而轉法輪。這就是無上大圓滿，無上托噶修持的結果。

藏地很多以前的大成就者，貝瑪鄧燈仁波切、阿瓊仁波切，包括我們根本上師法王如意寶都是托噶修行的成就者。我親眼看到法王的法體最後變得特別特別小。以前札熙寺的多傑秋炯仁波切，閉關四十年，圓寂後他身體也變得特別特別小。那時候我十六歲左右。你們今生遇到這樣的密法並且眞正去修持的話，如果能夠守持密乘戒，最慢的來世二十五歲再次遇到密法，因緣具足，則一定能夠成就佛果。大家一定要珍惜，一定不要破密乘戒。如果有一點點犯戒，都必須用四對治力進行懺悔。清淨的戒律是一切功德的根源，是獲得暫時和究竟解脫的基礎。這是每位密乘弟子必須遵守的。

空性的禪修

弟子們應該常常打坐，按照《如何做功課》中講的：已經證悟心性的人，先祈禱上師，再安住於心性中，安住片刻後，從定中出來再祈禱上師，再安住，如此反覆修持至少半小時；還沒有開悟的人，則安住於對空性的定解中，與祈禱上師交替反覆。這是速得加持、獲得或鞏固證悟境界的有效方法。以前法王如意寶在學院南山傳授大圓滿時，就是這樣要求我們的。你們現在也應該按這個方法去做。

信心與大圓滿竅訣

剛才說了修持密法，大圓滿法有很多，像《七寶藏》、《四寧體》等，這些我們聞思起來比較困難。而法王如意寶在五台山從光明境界之中取出來的意伏藏法《文殊靜修大圓滿》非常簡捷，卻包含了大圓滿前行和正行的重要竅訣。其中，前行的內容多一點，而大圓滿正行就是半頁紙，只有幾行字。大圓滿就是這樣。

祖師們所傳講的大圓滿竅訣都很短，往往說一、兩句話弟子就證悟空性。包括嘎惹多傑傳給文殊友大圓滿竅訣時，短短幾頁；文殊友傳給師利星哈時特別短，只

有七句；師利星哈傳給嘉納蘇札時也很短。大圓滿竅訣從沒有很厚的法本。以前大圓滿祖師講的都不多。有信心的話，傳承祖師講一句話，也可能做一個動作，弟子就有可能證悟。從密法的角度，有信心極其重要。

大圓滿是一種內證智慧，意思是說三有所顯、生死輪涅，一切的法無不在這個證智空性中圓滿具足，所以叫做圓滿；而解脫生死的方便，沒有比這個更殊勝的，所以叫做大。

其他的法門大多數是在分別伺察中建立信念，大圓滿法不用分別伺察，當下直指；其他的法門要用風、脈、明點等，年輕時脈道舒展，容易成功，而年齡大了就比較難。大圓滿法的光明日月從內現起，只要具足精進，不論老幼，都能解脫；其他的法都認爲法身、報身、化身三身究竟成佛時才能獲得果位，大圓滿法則基道果無別，果位的三身在道中明朗顯現，是在究竟光明本淨界任運證智的妙有境界。

修行大圓滿必須借助上師的竅訣，否則不會成就。進一步說，要證悟大圓滿寧體部之甚深密意，唯有依靠上師的意傳加持。如果對無上密法、對上師有強烈和虔誠的信心，大圓滿就顯得比較簡單。

在藏傳教法傳統裡，只要依止的是眞正的大成就者，並對上師具足信心，隨時隨地都有可能開悟。

修持大圓滿法的功德

大圓滿法被稱爲九乘佛法之頂飾。法王如意寶說過，得到大圓滿法的人，如果對上師具足信心，不破密乘戒，不誹謗佛法，按次第精進修持，今生就可能成佛；沒有即身成佛的，在臨終法性中陰或轉世中陰出現時，也能解脫；最慢的情況，來世十五歲到二十五歲之間一定能再次值遇大圓滿法，條件具足的話，一定能解脫。

別說得到大圓滿的灌頂和引導，或者聽聞大圓滿法，僅僅聽到大圓滿的名號，此人也必將於人壽十歲時得到吉祥智慧空行母的度化，在生、死及中陰三時段中的任何一時獲得解脫。這在《阿底大莊嚴續》中有明確的開示。全知米滂仁波切在《文殊大圓滿基道果無別發願文》中也寫道：（大圓滿法）僅僅聽聞也必定得到解脫。

西台 8 行程

今天藏曆十五，阿彌陀佛節日，這麼殊勝的日子。我們所在的地方也這麼殊勝。我和一些弟子說過，朝拜了很多的聖地，然而五台山和別的聖地不一樣，到了五台山就有一種特別的親切感，像回到自己的家一樣。在這裡聽聞佛法非常殊勝，弟子們一定要珍惜，好好發願今生能夠精進修持大圓滿法，爲利益眾生而成就佛果。

第四天

藏曆水龍年五月十六日

陽曆二〇一二年七月四日

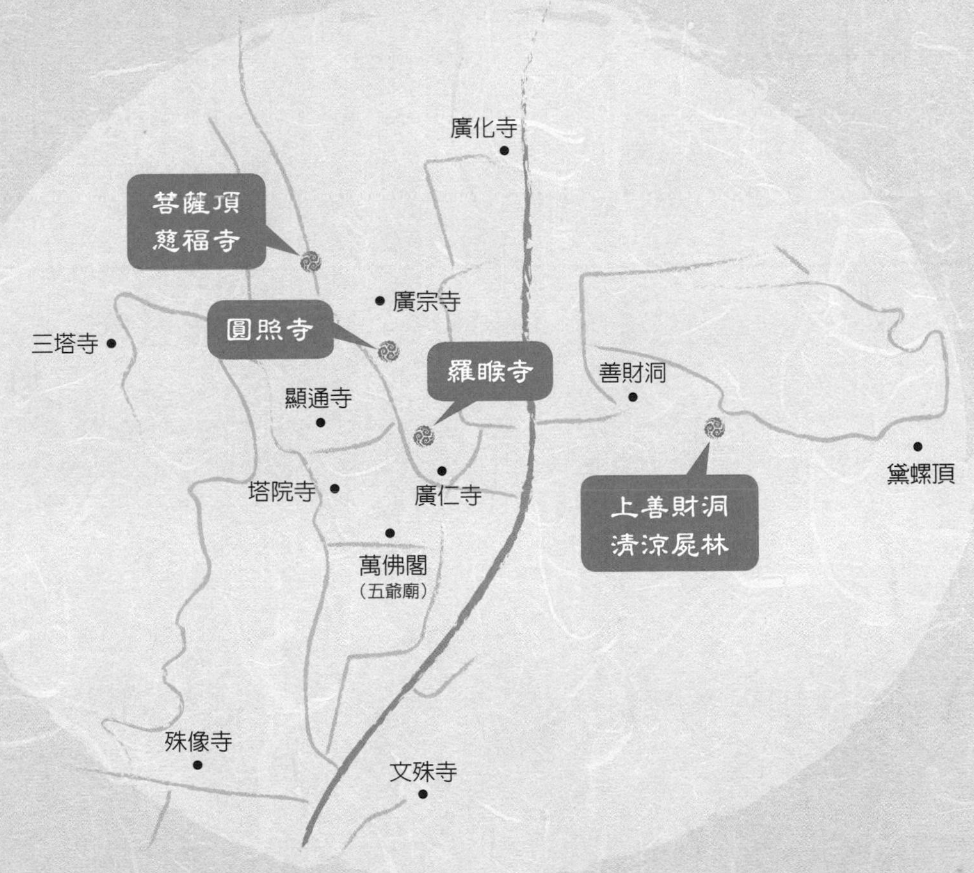

希阿榮博上師在羅睺寺為弟子們傳法灌頂。上師與羅睺寺有著不可思議的因緣，短短幾天的行程中兩次來到這裡

旅遊小資訊

菩薩頂

菩薩頂在五台山靈鷲峰上，相傳是文殊居住處，故又名真容院，亦稱文殊寺。創建於北魏，明永樂以後，蒙藏教徒進駐五台山，大喇嘛居於菩薩頂，於是菩薩頂成了五台山黃廟之首。清康熙、乾隆二帝幾次朝拜五台山，在菩薩頂住宿，並撰寫碑文。

圓照寺

圓照寺位於台懷鎮中心靈鷲峰山腰，與顯通寺藏經殿僅一牆之隔。明永樂初年，印度高僧室利沙來到中國宣揚佛法，為了紀念他，明宣宗下旨修建了這座寺廟。圓照寺的建築風格極為華麗，木製雕刻有皇家古代建築的風範。

慈福寺

慈福寺又名禪堂院，位於菩薩頂背後紫霞谷口南側，地處一面背陰坡下段。寺院佈局呈長條帶形，上方有大片樹林，下面有溝谷河水流過，寺內花香撲鼻，景色宜人，展室風格古樸，文物精秀迷人。該寺雖在台懷寺廟集群區，卻背他寺而獨立，有如龍神幽棲。

羅睺寺

羅睺寺是五台山保存完好的十大黃廟之一和五大禪寺之一，據說由於此處顯過聖燈，故名落佛寺。清朝時由青廟改成黃廟，並改名「羅睺寺」。寺內兩幢木構小樓以接待十方客人而聞名。大藏經閣裡，有寺內最吸引人的景觀——「開花現佛」，殿中央的木製彩繪大蓮花會徐徐綻開，露出藏在裡面的釋迦牟尼佛、阿彌陀佛、藥師佛和彌勒佛四尊佛像。

上善財洞

善財洞位於台懷鎮往黛螺頂上山的半路上，背倚黛螺頂，面臨清水河，傳說是順治出家的地方。寺分上下兩院，相距百米，主院稱「下善財洞」。上院內有一石洞，曾從洞中掘出獅子吼文殊、彌勒、善財三尊銅像。其中的善財童子像，造型優美，比例適當，是一件珍貴文物，於是後人就把這個石洞稱為「上善財洞」。

清涼屍林

從上善財洞右邊那個小門出去就是清涼屍林。這裡是大圓滿祖師師利星哈虹化成就的地方。在印、藏兩地早已聞名遐邇，其加持力可與印度聖境的八大屍林相媲美。

圓照寺

慈福寺

羅睺寺

上善財洞（山腰處）

清涼屍林

菩薩頂

在圓滿了五個台的朝禮之後，第四天，上師帶領弟子們朝禮台懷鎮的菩薩頂、羅睺寺、上善財洞和清涼屍林。菩薩頂是文殊菩薩顯現眞容之地，法王如意寶一九八七年蒞臨時駐留時間最久之地。羅睺寺是文殊菩薩顯聖之地，與大恩上師希阿榮博堪布有殊勝因緣之地。上善財洞和清涼屍林則是大圓滿傳承祖師們曾經修行成就之地。

菩薩頂位於台懷中心區北台腳下，以東台望海峰爲青龍山，右以西台掛月峰爲白虎山，背以北台葉斗峰爲靠山，面對南台錦繡峰爲屏藩，且坐於中台翠岩峰支脈的龍頭上。因該寺中高旁低，溪水環流，成爲二龍戲珠之勢，峰巔海拔一千七百九十七公尺。《廣清涼傳》卷中記載，靈鷲峰上，「祥雲屢興，聖容頻現，古謂之化文殊台」。這裡是文殊菩薩的住所，也是這位大菩薩經常顯聖的地方。

相傳東漢永平年間，印度高僧摩騰、竺法蘭來到五台山，看到此地山形山貌與《法華經》中所描述的印度靈鷲山極爲相似，因而奏請漢明帝在峰下修建大孚靈鷲寺（即顯通寺），這座山峰則因此得名。

靈鷲峰上的寺院群落，是五台山規模最大、規格最高、留存最完整的黃教寺廟。廟宇始建於北魏，當時稱大文殊院。後因文殊菩薩於此顯現眞容，所以改名爲眞容院，又稱菩薩頂。清代尊崇黃教，康熙、乾隆數度朝台，皆曾於菩薩頂駐留，並親封大喇嘛，賜提督印，菩薩頂也便成爲掌管黃教寺廟的首廟。

眞容院規模宏大，占地四十五畝，有殿堂房舍四百三十餘間，均爲清代按照皇家模式重建，採用了三彩琉璃瓦和青色細磨磚，爲五台山諸寺之首。於台懷鎮上遠眺，見菩薩頂，殿宇雲集，佈局嚴謹，雄偉壯觀，獨具特色。陽光下的飛簷斗拱，相托紅牆黃瓦，掩映綠樹如煙，融襯藍天白雲。金碧輝煌的樓閣彷彿懸浮在空中一般，它們既和遠景近景融爲一體，又超然獨立，與大白塔相映襯守望，一派大菩薩的威儀磅礴氣象。

二十五年前，法王如意寶蒞臨五台山時曾經駐錫於此，也是在這裡爲四眾弟子傳講佛法。

講述法王當年在五台山事蹟

七月四日清晨，上師帶領隨行弟子們來到菩薩頂，於大雄寶殿前供燈。殿前庭院裡生長著兩棵參天的老柏樹和幾座古樸厚重的石碑。在古樹下仰望藍天，但見遒勁挺拔的枝幹聳入雲霄。晨曦透過樹葉，稀稀疏疏地灑出一地斑駁，光影隨風而動。樹和碑的周圍皆用石頭壘砌了方形的花台。上師和隨行弟子們一邊念誦文殊心咒，一邊在這些二公尺多高的石台上點滿了盞盞酥油燈。

供燈畢，上師於大雄寶殿的月台上端盤坐，身後有一副楹聯，燙金的底色上書寫著墨黑的楷體：「靈鷲鷲靈靈鷲靈，眞容容眞眞容眞」。弟子們一時安靜下來，紛紛圍坐在大殿前的空地上，所有的目光都集中在上師身上。清晨的霧靄已然散盡，可還是有一種香煙繚繞、燈火熒熒的夢幻般感受。

上師開示道：「五台山菩薩頂，意爲文殊菩薩的住處。一九八七年，法王如意寶在五台山朝聖時，首先是在這裡住下。那次朝聖緣起都很殊勝，瑞相隨處可見。我們剛才進來時停車的地方，一九八七年時是一片草地。就是在這片草地上，法王給四眾弟子傳了《佛子行三十七頌》和《三主要道》。

「大殿的旁邊有一個小院，當年法王如意寶就住在這裡。小院的一側是法王的臥房和接見四眾弟子的地方，另外一側是廚房，阿里美珠空行母當時就在這裡爲法王做飯燒水。在這個小院裡，法王如意寶爲來自五明佛學院的弟子們傳了龍欽巴尊者的《法界寶藏論》以及其他大圓滿的竅訣。

「法王在五台山期間，一位寧瑪巴的大修行者和成就者——貝諾法王也從印度來到五台山朝聖。在法王如意寶住的小屋裡，他們一起坐在床上，留下了珍貴的合影，兩位大成就者法相莊嚴、氣度非凡。

「這次法王如意寶在五台山朝聖，前後共一百多天。此間法王如意寶以及他的弟子們在較大範圍連續傳講了寧瑪甚深法要和竅訣，這在五台山的歷史上是罕見的。相信法王如意寶必有密意，對將來大圓滿在漢地乃至全世界的弘揚，是爲殊勝的緣起。

「法王在五台山時曾說：『如果我們能在菩薩頂塑一尊莊嚴的蓮花生大士像，同時在其他寺院也塑許多蓮花生大士像，以後無上密法就會在漢地得到廣弘，漢地的無量眾生將得到解脫。』於是法王帶著一萬眷屬在五台山的五十多所寺院中，包括菩薩頂及其周圍的各個寺廟，塑造了寧瑪派教主鄔金第二佛蓮花生大士像以及其他很多佛像，所塑佛像應該有幾百尊。此外，還修建了文殊寶殿、宗喀巴大師殿等佛堂。法王如意寶自此開始正式廣泛攝受漢族弟子。他說，在所塑的佛像中放有很多佛舍利，高僧大德的加持品，例如巴楚仁波切、宗喀巴大師的衣服等。這些佛像極具加持力，大家一定要在這裡好好發願。

「《佛子行三十七頌》是大成就者無著賢菩薩所作，這是佛法中的精華，加持力很大，裡面寫了很多關於如何生起菩提心的教法。佛法八萬四千法門全包含在這裡，大家最好能背誦。無著賢菩薩說，聽聞《佛子行三十七頌》一百零八遍可以生起和增上菩提心。很多大德都修這個法，法王如意寶也是，他從多位上師那裡聽過近兩百次傳承。在喇榮五明佛學院法王一直給弟子們傳講，要求弟子們背誦並按此修行。我自己也聽過很多次。今天我先給你們念誦《佛子行三十七頌》的傳承。」

弟子們念誦經文時，上師默默哭泣，數度哽咽，沉浸在對法王如意寶無盡的追憶與思念中。佛法的眞諦在上師心裡，大圓滿的傳承一直都是以心傳心。作爲法王的心子，上師和法王之間，清淨無染、沒有分別與執著的心心相印，一定可以超越時空，相信法王與上師從未分離。似水流年中，上師已經從一個年少的修行者成長爲一代大圓滿傳承上師，如今弟子如織的上師經過歲月的滄桑，更加懂得了法王如意寶當年的不易。

從《佛子行三十七頌》，我們可以一點點想像一個大乘佛子如何行之不易，而一個大圓滿的傳承上師擔當著弘揚大圓滿，教化末世眾生的責任，其不易更勝幾酬。

在《回憶上師》一文中上師寫道：「法王如意寶是我一切慈悲、智慧的源泉。我慶幸自己從二十一歲到四十二歲，人生最年富力強的時光是在法王身邊度過的。在法王的悉心教導下，我逐步走向成熟。此時此刻，我更能眞切地感受到自己的出離心、菩提心，一分一秒的善念善行全部來自於法王的加持。只要一想到他老人家，我的心裡便充滿了溫柔而憂傷的淚水。

1987年，法王如意寶在菩薩頂手持文殊菩薩的佛牙傳講《佛子行三十七頌》

1987年法王如意寶在菩薩頂駐錫的小院（攝於2012年）

「法王如意寶的寬廣深厚令每一個見到他的人都心生敬畏。他老人家總把手放在我頭上，長久地、輕柔地撫摸，一邊跟我開玩笑。他知道我心裡有多麼誠惶誠恐，所以用這種親暱柔和的方式安慰鼓勵我。每次法王摸過我的頭，都能讓我高興好幾天。那時別説這樣與上師親近了，就連夢見一次法王如意寶也會連續幾天高興不已。如今沒有人再摸著我的頭打趣我了，我也只能在夢裡見到法王如意寶。」

在念誦傳承的過程中，上師的眼淚沒有斷過，不時用手護住前胸，用衣袖輕輕擦拭面龐。隨行弟子皆知上師心臟疾患尚未痊癒，此時此刻的擔憂無法言表，沒有

菩薩頂，希阿榮博上師沉浸在對法王如意寶無盡的追憶與思念中

一個不傷懷哭泣的。就這樣，上師給予了弟子們《佛子行三十七頌》的珍貴傳承。在上師傳法時拍攝的照片上，星星點點的暖色調燈光相互交織聚攏在一起，形成了一個金色的吉祥蓮台，片片花瓣都清晰動人，上師莊嚴而慈悲地端坐其上。

末法年代，眾生所受的苦難有多大，傳承上師們所做的承擔就有多大。若非一代又一代的祖師們歷盡千辛萬苦，行人之所不能行，及人之所不能及，積累一切功德，斷除一切障礙，證得無上菩提，我們今天就沒有機緣值遇大圓滿法。弟子們皆在靜默中雙手合十，在淚光裡虔敬發願，祈願能生生世世和上師不分離，爲了大圓滿的傳承和佛法的弘揚精進修持，圓滿如海一般的菩薩行願。

在階前圍坐的人群漸漸增加了一些，外來信眾也在弟子們身後靜靜跪下來恭聽上師傳法，他們虔誠而專注地凝望著上師。

傳承畢，上師帶著大家念誦文殊心咒，然後步態從容地繞過大雄寶殿來到後院。中間的文殊殿供奉著著名的文殊菩薩眞容像，兩旁是祖師殿和金剛殿，分別供奉法王如意寶當年塑造的佛像。此院有一小門通往法王當年住過的小院。

根據宋朝大華嚴寺壇長妙濟法師撰著的《廣清涼傳》卷中的《安生塑眞容菩薩》一文，唐朝鼎盛時期，僧人法雲負責重建殿堂，重塑佛像。因不知佛像塑成什麼樣子，故虔誠地焚香祈禱。

菩薩頂祖師殿，上師向法王如意寶率僧衆所塑的蓮花生大士像供養哈達

至誠所感，文殊菩薩終於顯現聖顏。塑工安生即按照顯現的樣子塑成一尊菩薩像，童子容顏，栩栩如生。在塑像過程中，「心有所疑，每一回顧，未嘗不見文殊之在旁也。經七十二現，眞儀方備。」從此大文殊院寺更名爲眞容院。在這裡，上師帶領弟子們供養哈達、頂禮並念誦了《文殊禮讚文》、《願海精髓》等經文。上師每到一處都會囑咐弟子們：「大家一定要好好發願，有信心的話，願望一定可以實現。」

左側經堂爲金剛殿，中間供奉文殊菩薩，兩側分別供奉毘瑪拉密札祖師和格薩爾王。主尊文殊菩薩像的心間有一尊用米滂仁波切的骨灰精製而成的小文殊像。上師認眞地供養哈達、頂禮，並躬下身來，將額頭久久抵放在文殊菩薩前的供桌上，萬籟似乎皆於此間靜寂。金剛殿中的佛像皆是當年法王如意寶帶著五明佛學院的僧眾所做。

右側經堂爲祖師殿，中間主尊的位置供奉蓮花生大士塑像，此像爲法王帶領僧眾們塑造、裝臟並親自開光，具有眞正的見解脫的加持力。蓮師心間還裝臟有一尊法王如意寶的前世，伏藏大師列繞林巴取出的伏藏——「如我一般」大樂蓮師替身像。列繞林巴大師取出這尊大樂蓮師像時，佛像開口說話：「我與蓮師無二無別。」巴楚仁波切和米滂仁波切曾經加持過這尊大樂蓮師像。當時德格一位著名藏醫的夫人，把自己珍愛的項鍊供養給了這尊極爲殊勝的蓮師像。

蓮師左右是文殊菩薩和毘瑪拉密札祖師，兩側的其他佛像是阿底峽尊者、宗喀巴大師、無垢光尊者、吉美林巴尊者、米滂仁波切、列繞林巴上師和降魔金剛。這裡所供奉的大部分佛像是當年法王如意寶帶著新龍的僧眾們做的。

在蓮師心咒唱誦中，上師爲每一尊佛像供養哈達，並帶領隨行弟子們長時間地念誦《願海精髓》、《普賢行願品》等經文與發願文。

法王當年帶領僧眾所塑的諸尊佛像不僅極具加持力，而且有很高的藝術價值。僅僅只是看到他們，就會感覺內心裡很安靜。每一尊佛像都面容莊嚴、姿態優雅、栩栩如生，報身像的珠寶服飾與法器一應俱全，且色澤雅致。很難想像僧眾們如何在山林裡，紮起帳篷風餐露宿，用泥巴進行藝術創作，在短短三個月裡塑成了幾百尊如此精緻莊嚴的佛像。

當年，年輕的上師也參與菩薩頂的佛像塑造工作，他去擔水，並把泥巴混合均勻。說起這些，上師不禁慨歎：「那麼短的時間內塑造那麼多佛像，這在歷史上都少有吧。難以想像當年僧眾們有如此高的佛教造像藝術的修養。除了他們清淨無染、慈悲利他的心地，是法王如意寶不可思議的加持力。」

來到五台山，在上師加持與教導之下，方才知道法王於漢地眾生恩德之大，上師於我等愚笨弟子恩德之大。

於靈峰聖境懷念晉旺堪布

其後，上師和隨行弟子們一起念誦著蓮師心咒，邁著輕盈的步子，走下了菩薩頂的山門。山門上高懸著藍底金字的「敕建眞容院」的牌匾，昭示此乃皇家寺廟。山門之下是一個空曠開闊的平台。

平台上「靈峰聖境」的牌樓巍然高顯。木結構的牌樓精緻玲瓏，四柱三門，分上下三層，斗拱重疊，挑角四出。牌樓頂上覆蓋著五彩斑斕的黃綠琉璃瓦，陽光下熠熠生輝。牌樓兩側，各有石雕臥獅守護。石獅神態生動，側目昂首，口吐瑞氣，頸項間與腳踝上繫著潔白的哈達。牌樓正中，是康熙皇帝御題匾額「靈峰聖境」。牌樓後，一塊九龍石雕斜鋪直至山門，雲水中的九龍彰顯著皇家氣質。路過山門時，上師說：「一九八七年的時候我和晉旺堪布曾經在這裡拍過照片。」

回憶起晉旺堪布，上師深情地說：「晉旺堪布是非常好的修行人，了不起的成就者。一九五七年法王如意寶在色達傳講龍欽巴尊者的《七寶藏》，年輕的晉旺堪布那時顯現上是班上成績最差的學生，但他精進修持，念誦了二億到三億文殊心咒以後，從此通達了所有的經典。三十年之後，一九八七年，在東台頂上，法王安排晉旺堪布給其他弟子念誦《七寶藏》的傳承。晉旺堪布傳法時說：『我一生中，除奉上師之命，從不向他人傳講密法，因爲密法極爲隱密，密乘戒律的要求又很高，一旦破戒，其果報也最爲嚴重。』

「貝諾法王曾經派囊卓堪布到法王如意寶座下學習，囊卓堪布對晉旺堪布有不共的信心，學習期間也向晉旺堪布求了很多法。南卓堪布後來迎請法王如意寶去印度朝聖。他是一位很優秀的上師。

「法王在印度的時候，我經常去洛若寺晉旺堪布那裡求法。晉旺堪布的小屋子外面是客廳，裡面是一個小小的臥室，晚上晉旺堪布睡在床上，我就睡在他的床邊。有時我也住在晉旺堪布的侍者拉夏喇嘛家裡。每天早上啓明星在東方升起的時候，也是佛陀成道的那個時刻，晉旺堪布就起來磕一百個大頭。玉科夏紮瓦上師是毘瑪拉密札祖師的眞實化身，他在晉旺堪布小時候就認定堪布是巴楚仁波切的轉世。雖然晉旺堪布從來都不承認，但他卻可以通篇背誦《普賢上師言教》，一個字也不錯。所有的課誦他全部熟記於心。他傳比丘戒時也從不用看法本。每月初十日蓮師薈供和二十五日空行薈供的時候，他也不用看儀軌。他的念誦又好又快。

「晉旺堪布示現圓寂前，在醫院裡曾經和弟子們說起過我，但是那時我在德格，沒有能夠見到他，後來心裡難過了很久。晉旺堪布特別好，不可思議地好。」

晉旺堪布對上師眞好！有一張老照片佐證了他們共度的往昔時光。年輕的上師家境貧寒，身著從各位師兄處借來的衣服，以一張簡樸的塑膠布爲背景，端坐在自己的小屋前。其中黃色的法衣是晉旺堪布的，前面擺放的經夾也是晉旺堪布的。上師後來說：「其實當時我也有一個經夾，但是晉旺堪布的更好看，我們那時照一次相不容易，而且很貴，大家都覺得應該盡量照得好看一些。」照片上，上師的目光澄澈而堅定。

藏曆一九九六年九月二十五日，晉旺堪布在洛若寺安然示寂，七天后，法體縮小呈嬰孩形狀。荼毗時蔚藍的天空上瑞祥紛呈，彩虹交織，後由僧眾撿得五色舍利數十枚。

一九八七年上師隨法王朝禮五台山時，曾在「靈峰聖境」牌樓那隻沒有舌頭的獅子後面，菩薩頂山門下的石階旁，和晉旺堪布一起留下了一張珍貴的合影。堪布手持拄杖，面容寂靜莊嚴。

年輕的上師腳踩涼鞋，手持念珠，消瘦的面容有著非凡的威儀。

也是在同樣的地方，上師和丹增諾布小活佛有過一張合照。小活佛是秋吉尼瑪活佛的侄子。

五台山有爲數眾多的石雕獅子，但唯有在菩薩頂「靈峰聖境」牌樓右側蹲臥的這頭石獅沒有舌頭，十分特別。傳說三百年前立此牌樓時，石獅的雕鑿工作正在進展。當時在寺中吃飯的人數固定，下鍋的米糧也不變，但早晨的這頓餐飯，總是不夠吃，且不是差一點，而是差很多，以至於做飯的和尚總是不得不做第二次。每天如此，誰都不明就裡。忽有一日，做

1987年，在相同地點，希阿榮博上師與丹增諾布活佛合影

1987年希阿榮博上師隨法王朝禮五台山時與晉旺堪布留下的珍貴合影

寺上空顯示眞容，因而人們在此處立碑造像。

一九八七年法王如意寶蒞臨五台時，曾在這裡和漢族弟子結緣，並悉心傳授佛法。彼時寺廟主持是能海法師的弟子清海法師。站在法王曾經安坐過的地方，在大雄寶殿潔淨空寂的月台前，上師長時間地念誦經文和祈禱文。

慈福寺舊照與華覺江措活佛

法王如意寶一九八七年蒞臨五台山時曾經在菩薩頂住了較長的時間，而華覺江措活佛就住在菩薩頂背後紫霞谷口南側的慈福寺裡。從菩薩頂的後門出來，穿過今日的停車場，再向北行五十餘公尺，便是慈福寺。慈福寺佈局呈長條形，上方是成片的樹木，林蔭蔽日；下方溝谷中有清泉流過，水聲潺潺。慈福寺雖地處台懷鎭寺廟集群區，卻背對其他寺廟而獨立，清幽安靜，空寂超然。這裡也是五台山藏式建築風格最爲明顯的廟宇之一。

當時在法王如意寶的號召下，華覺江措活佛在慈福寺也塑了不少佛像，其中有蓮花生大士、毘瑪拉密札祖師、堪布菩提薩埵、赤松德贊國王、薩迦班智達、宗喀巴大師、龍欽巴尊者、吉美林巴尊者。因爲活佛曾經是蓮師二十五上首弟子之一，所以和前四位祖師有甚深因緣。後三位祖師是藏地公認的文殊菩薩化身。此外，華覺江措活佛對吉美林巴尊者有著不共的信心。大雄寶殿內接引佛像東側有一古樸的樓梯可達二層。二樓經堂三面臨窗，敞亮通透，每天的不同時刻，日出、夕照和月色輪轉，光影都能從窗櫺投射進來。經堂北面所供的七尊佛像就是當年活佛所塑。

慈福寺和毘瑪拉密札祖師有著特殊的因緣。在五台山依止師利星哈期間，毘瑪拉密札祖師應在這裡駐留過。

華覺江措活佛是蓮師二十五大弟子之一的轉世，也是法王如意寶最重要的心子之一。法王如意寶曾經在五十歲時示現重病，一直隱居的華覺江措活佛突然來見法王如意寶，而在此之前他們素不相識。曾有一個授記說：蓮師的二十五位弟子中的一位，將來因緣際會，如果能和法王相見，法王如意寶會因爲這個緣起而長久住世。殊勝的是，從那次相見以後，法王如意寶又安然住世了二十年。

華覺江措活佛是極爲了不起的成就者，昔日在山林樹叢山洞中隱居了近二十年，與世無爭，心無罣礙。有一次他在清風樹下打坐，要抓他的人經過，子彈盒掉落在活佛的身邊，他們停下來撿彈盒，然而近在咫尺卻看不見活佛。

那時學院裡的很多大小事宜法王如意寶都會和華覺江措活佛一起商量決定，諸如需要念什麼經、開什麼法會。法王有時會這樣講：「我問過華覺江措了，我們今天就念誦這個經吧。」或者：「你們不用增加也不用減少，這是我和華覺江措商量決定的。」同時，華覺江措活佛也是教至今也沒有機會得償夙願。恐怕這一輩子也很難有機會了。我最要好的朋友、我的師兄——日貝多傑活佛雖然也沒能按照自己最初的設想去青浦神山，但他卻在五明佛學院後山持續閉關修行，到如今已經十幾年了。這讓我敬佩不已，也羡慕不已。而龍多活佛和我受法王如意寶委派，一起負責管理學院的財務。我們兩個不僅僅是菩提路上的金剛兄弟，在生活中也相互幫助。」

【典故】

有關佛陀愛子羅睺羅尊者的傳說

據《佛本行集經·羅睺羅因緣品》等佛教經典記載，羅睺羅尊者乃釋迦牟尼佛之子，也是佛祖十大弟子之一。羅睺羅尊者在母親肚裡懷了六年，於釋迦牟尼成道之夜降生。示現成道後第六年，佛陀應父親淨飯王之請，從摩竭陀國回國省親，認子釋疑。而後佛陀讓舍利子勸羅睺羅出家，讓目犍連為他剃頭，舍利子為他宣說沙彌十戒，為佛教沙彌之始。羅睺羅尊者因是佛陀愛子，在僧團中地位很高，經常受到稱讚。但是佛陀對他要求特別嚴格，教育他嚴持戒律、精進修行。他沒有辜負佛陀，「不毀禁戒，誦讀不懈」，證得大阿羅漢果位。因他雖具足三千威儀、八萬細行，卻從不表現自己，總是默默地修持和工作，佛陀曾讚歎他：「在我的弟子中，羅睺羅比丘是『密行第一』」。

羅睺羅尊者到三十三天講法之後，天神和他們的子女都從輪迴中得到了解脫，於是他們將自己的王冠都供養了尊者。所以在羅睺羅尊者的唐卡中，他總是手裡拿著一個王冠。

佛陀入涅槃前，將正法託付十六羅漢，讓他們不入涅槃，住於世間，護持正法。羅睺羅尊者也是這十六羅漢之一。

二〇〇四年前後，在德格地區發現了一篇朗修喇嘛於上世紀四、五十年代作的授記。朗修喇嘛被公認為大成就者擦嘉瓦香秋的化身，他的《未來授記文》對德格乃至整個藏地諸多事件及人物皆做了準確的授記。其中寫道：「札熙寺中響響戲遊舞，超統領地聖者羅漢住。」

嚮嚮鳥是藏地傳說中一種能飛越海洋的吉祥神鳥。神鳥飛舞，寓意祥和興盛。聖者羅漢在藏語中意指十六羅漢。對朗修喇嘛預言的闡釋就是：札熙寺興盛之時，十六羅漢中的一位尊者長老會在超統地區駐錫。

札熙寺在幾百年歷史的滄桑浮沉中，曾幾度出現教法興盛時期，然而自朗修喇嘛作授記以來的五十多年間，真正堪稱興盛的只有一九九八年寺廟重建至今的這段歲月。吉祥神鳥嚮嚮也隱喻屬雞的法王如意寶，其如海般廣大的弘法利生事業，彷彿展翅的大鵬，一日千里。

德格玉隆闊地區的超統村，曾是格薩爾王的叔父超統大王之領地。近五十年來，超統村地界上修建的聖者道場只有扎西持林。「超統領地聖者羅漢住」授記的便是扎西持林的建立。

作為扎西持林的主人，上師當為授記中所稱的聖者羅漢，儘管他從未公開承認過自己以前轉世的情況。

大成就者哥寧活佛認為上師正是自己的父親索南嘉措尊者的轉世，而根據伏藏大師偉瑟多傑所撰祈禱文「諸佛殊勝幻化之總集，化身佛子長老羅睺羅」，索南嘉措尊者的前世可一直追溯到世尊之子羅睺羅尊者。

索南嘉措尊者

上師十四歲時隻身前往札熙寺拜見哥寧活佛，從此就在哥寧活佛身邊學習佛法，直到活佛圓寂。對這個家境貧苦而勤奮好學的弟子，哥寧活佛無論在修學上還是生活中，都給予了無微不至的關懷。聰穎活潑的少年上師很快就贏得了活佛和空行母全部寵愛。他們視其如己出，師徒好似父子那般親密無間。

活佛打心底裡欣賞這位小徒弟，從不掩飾對年少的上師的另眼相待，平時總讓他挨著自己坐，高興開懷時甚至把他抱到膝上。他有時帶著這位年少的徒弟進山採藥，並悉心教他辨認藥材。適逢風雨之夜，二人露宿山頂，天地荒野沒有屏障，他便讓這個心愛的弟子躲進自己寬大厚實的棉袍中避寒。伴在活佛身邊，年輕的上師感到踏實溫暖，平靜歡喜，念書或者玩耍累了，便隨性自在地依偎著活佛打瞌睡，有時酣眠有時小憩。常有客人騎馬來拜見哥寧活佛，上師總是趁著大家在屋裡談話之機，頑皮地偷偷騎上客人的馬溜出去，在草原上策馬揚鞭，迎著曠野的風縱情馳騁。活佛不但不以為忤，反而很高興地說：「無論從哪一方面觀察，這孩子都必定是一位大成就者，將來會廣弘教法，普利眾生，尤其對札熙寺會給予巨大幫助。」

哥寧活佛曾多次向左右親近的人透露：上師應該是他的父親、伏藏大師索南嘉措的轉世。對此，其他的高僧大德也作出過相同的認證。

古寺梵音與靈塔神燈

羅睺寺

羅睺寺創建於唐，歷代不斷修繕。寺內有康熙十一年（一六七二年）御製碑記云：「創建於唐，顯跡於宋，續修於勝國賢藩。迨我先朝，曾辟院以供十方」。

羅睺寺是一座專供羅睺羅尊者的古道場，在清朝時，成爲僅次於菩薩頂的第二大黄廟。歷史上羅睺寺高僧代出，華嚴、天台和禪宗高僧雲集，也是帝王將相的鎮國道場。文殊菩薩經常於此顯聖，羅睺羅尊者曾在寺中顯聖，並留下足跡。其歷史文化積澱深厚，故此寺乃各地信眾來五台朝山一定要參詣之地。

羅睺寺坐北向南，東西窄而南北深，建有殿堂房屋一百一十八間，均爲明清建築。自南而北依次爲天王殿、文殊殿、大雄寶殿、大藏經閣。層層深入，顯得深邃而幽古。

這次朝禮五台，上師兩度蒞臨羅睺寺。從圓照寺出來，不遠處是羅睺寺的一個側門，上師踏著地面斑駁的光影，信步踱向這座紅牆包裹、蒼松蔭翳的古剎。剛到門口，尚未入內，空靈的梵音古樂悠然響起，一時間充滿虛空。

低徊的雲靄難掩韻律，遠山的迷霧不亂清音，金剛法號吹奏聲音異常低沉、渾厚有力，與打擊樂器的聲音交響和鳴，有恭迎、皈依、禮讚之意。這次朝聖中，聽到這樣的音樂是唯一的一次。樂聲持續數分鐘，待上師來到大雄寶殿前方止，此後音樂聲再也沒有響起。驀然回首，這音樂宛如爲歡迎上師而準備，緣起殊勝。

上師於大雄寶殿前稍作停留，瞻仰楹聯，上書：「鷲嶺雲開空界自成清淨地，龍潭月皓圓光常現妙明心。」其中，「圓光」所指就是上師灌頂傳法時經常出現的圓形彩虹，和師父的分外相應。殿內有乾隆皇帝御賜匾額兩塊，分別書有「慧燈淨照」和「意蕊心香」，洗練的筆墨點染出佛門意趣。在《大自在祈禱文》的念誦聲中，上師頂禮供養佛祖如來，白色的哈達從他的手中拋出，飄落在高高的金色蓮台上。

大雄寶殿院內立有御製石碑兩通：一通爲康熙十一年玄燁所寫《重修清涼山羅睺寺碑文》；另一通乃康熙四十九年玄燁所寫《羅睺寺碑文》。顯而易見，這說明康熙皇帝對羅睺寺尤爲重視。

東西配殿分別爲藥師殿和觀音殿。殿內原無塑像，一九八七年法王如意寶蒞臨五台山時帶領僧眾於此塑了多尊佛像，遂成今日規模。東藥師殿內供奉著藥師佛、長壽佛、綠度母、白度母四尊佛像。西觀音殿供奉著四臂觀音兩尊、長壽佛四尊、蓮花生大士、阿底峽尊者、黃文殊、綠度母、白度母等十一尊。其中，泥塑黃文殊像尤爲精雅威儀，通身金黃，頭戴寶冠，瓔珞嚴飾，含睇若笑，端坐蓮台。遙想當年，僧眾們能在簡陋的環境中，不計艱辛勞苦，把尊尊佛像都塑造得這樣精緻美麗，想必他們的心地亦當如是，清淨美好，總讓人隨喜讚歎。

羅睺寺東南角屹立著一座七公尺多高的藏式磚塔。基座爲正方形，其上有蓮台，塔身爲白色，雕刻文殊像，故曰文殊塔。曾幾何時，在建塔處有一棵生機蓬勃的大松樹，枝葉繁茂，亭亭如蓋。據悉，歷史上靈鷲峰頂經常會顯現神燈異光，並且總有固定路線，其順序一般是首先出現於羅睺寺這松樹頂端，繼而移到塔院寺大白塔的寶瓶上，再轉至圓照寺大殿的屋頂，最後慢慢消失隱沒在菩薩頂。這樣不知道持續了多少年，後來神光不再出現，松樹也隨之凋零。寺主夜得一夢，並按照夢中佛示，將松樹主幹作了文殊殿內文殊騎獅像的塑柱，樹梢、樹枝、樹皮埋在原樹處，建塔以爲紀念。因此文殊塔亦稱松樹靈塔。北宋時，宰相張商英三番遊歷五台山，作《續清涼傳》。其中就有關於他在「羅殿」、「羅足跡堂」見到神燈臨空的記載。

「開花現佛」與《次第花開》的巧合

走出大雄寶殿，一行人隨上師繞行來到大藏經閣。大藏經閣坐落在大雄寶殿北側，分爲上下二層，雙重房檐結構。閣前兩隻漢白玉的大象頗有威儀，似印度風格。院內有一棵參天古柏，蔭蔽半方天，枝葉在陽光下投射了一地斑斕光影。

漸近殿門，抬頭看時，只見殿門上方高懸的牌匾上，藍底金字篆刻的是繁體「開花現佛」四個大字。隨行弟子又驚又喜，頓時就有數十個照相機和手機對準了站在大殿門口的上師和他上方的牌匾。

由於上師和羅睺羅尊者的殊勝因緣，弟子們對羅睺寺也懷有一種特殊的情感，大家對朝禮羅睺寺均是期盼已久。早些時候，我們隨上師伴著梵音古樂一起走進了羅睺寺；現在站在藏經閣前，迎面而來恰是「開花現佛」的金字匾額。凝望著如此親切熟悉的四個字，恍然於夢中。想起上師的第一本開示集《次第花開》，內容涵蓋了年少上師的生活經歷、修行歷程，他的上師們的慈悲與智慧，大圓滿傳承祖師們的承擔與度化眾生的艱辛等等，這一幕幕皆歷歷在目。不僅如此，對於修行者來講，《次第花開》中包含了很多教我們如何在生活中修行而最終獲得信心與定解的竅訣。

上師在這本書的前言中寫道：「我的根本上師法王如意寶平生最大的心願是眾生皆往生西方極樂世界，於勝妙蓮池中，次第花開，花開見佛，親睹如來無量光，現前授予菩提記。在法王如意寶的萬德莊嚴面前，我是這樣卑微、惶恐。我把自己全部的信賴和祈禱，連同這一本微

上師一行來到羅睺寺大藏經閣前，隨行弟子抓拍下這一珍貴瞬間

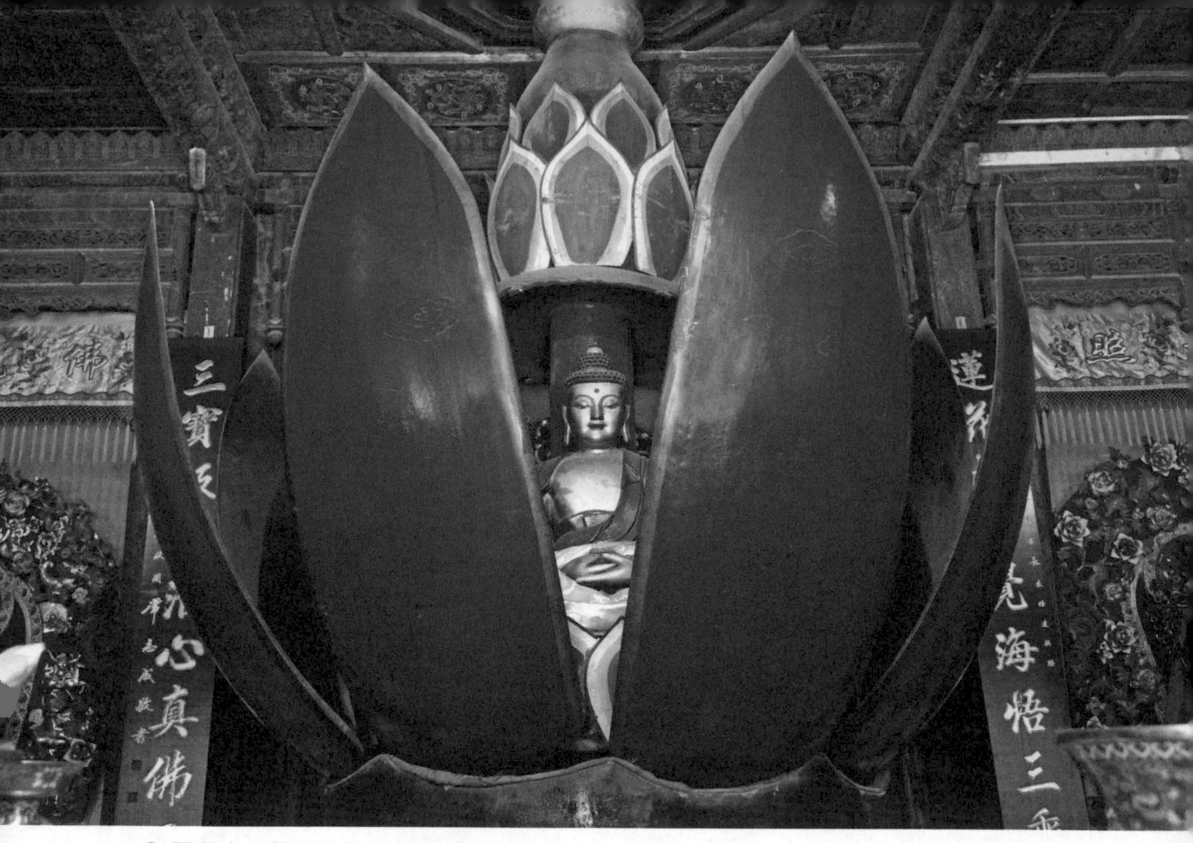

羅睺寺大藏經閣內的「開花現佛」，是五台山著名的聖跡

不足道的小書，獻給他老人家。次第花開，花開見佛，這也是我的心願。」

《次第花開》改變了無數人的生命軌跡，也包括我等愚笨弟子。書中的〈珍寶人生〉和〈回憶上師〉等幾篇文章，很多弟子讀一遍就哭一遍。《次第花開》出版一個月內連續四次印刷，一直是各個網站佛學書籍暢銷排行前幾名。

關於這本開示集的書名，上師曾經說：「次第花開，花開見佛，既可以理解爲仗阿彌陀佛的願力往生極樂世界，花開見佛，成不退轉菩薩；也可以理解爲佛在心中，即心即佛，心得開明則能現量見佛，也即眞正見到阿彌陀佛，也即現量見到心的本性。所以次第花開、花開見佛可以是淨土的往生西方，也可以是禪宗的明心見性。其實這兩者究竟上是一致的。」

「次第花開，花開見佛」早已成爲我們共同的心願。此次在羅睺寺，意外見到與上師開示集書名契合的牌匾，弟子們都驚喜地感歎殊勝而奇妙的因緣！

大藏經閣殿門兩側各有紅色大燈籠一只。殿門兩側有楹聯，聯曰：「八面開金蓮莊嚴清涼世界，四方瞻寶相引發菩薩心華。」

大藏經閣的一樓大殿內正中砌高台一座，成正方形，台上有盛大的紅色蓮花，高達丈餘，八片蓮瓣，合圍於外。花心內塑有四尊金色佛像，朝著四個方向，分別是釋迦牟尼佛、阿彌陀佛、藥師佛和彌勒佛。蓮瓣可以開闔，乃因高台正中，裝有木製圓盤，上刻水浪圖案，下設活動機關。雕刻精細的水浪之上，站立著姿態各異的十八羅漢，盤外塑二十四諸天。圓盤正中，是這朵紅蓮，花心裡又伸出一支花蕾，伸入二層樓內。

平時，朱紅的蓮瓣八方閉合。每逢盛大而隆重的節日，小喇嘛們會在地下室扳動轉輪，圓盤就轉動起來，十八羅漢和二十四諸天按照順時針方向緩緩轉動的同時，八瓣蓮花徐徐綻放。此時蓮中可現四佛，故謂之「開花現佛」，羅睺寺也因此名聞遐邇。前來朝山的信眾，特別是蒙、藏佛教徒，千里迢迢趕赴這裡，以能見到蓮中如來爲最幸運的事。

喜見肉身羅睺眞身像

弟子們依然還沉浸在見到「開花現佛」金色牌匾的感悟之中，沒想到尚有令人更加驚喜的事，就在我們的眼前。

大藏經閣是明清前的木結構建築，樸素持重，沉靜古典。上師來到閣樓前，只是看了「開花現佛」的匾額，卻並沒有先進大殿，而是登上殿門旁邊一個陡梯，來到藏經閣的二樓。弟子們後也跟隨著上師，魚貫而上。適才，在樓下聽到一位當地的出家人說，藏經閣二樓有羅睺寺的鎮寺之寶——羅睺羅眞身像，平時不向信眾開放，所以知道的人不多，今天恰逢對外開放日。

二樓的殿堂略顯昏暗，採光不是那麼充分，但進到殿內還是能一眼看到北側有一個精緻的桃木佛龕，吸引著所有人的目光。朱紅色的佛龕內供奉著一尊木刻羅睺羅像，身高約八十釐米，通

大藏經閣二樓的羅睺寺鎮寺之寶——羅睺羅真身像

體貼金。羅睺羅尊者現沙彌相，頭頂上有一個小小的肉髻。雙目微合，兩耳垂肩，神情肅穆，端莊威嚴，寂靜之至。這尊精美絕倫的羅睺羅尊者像塑於兩宋年間，年代頗久遠，卻歷久彌新。

在唐代初期及中期，羅睺寺是大華嚴寺（現為顯通寺）十二院之一的善住閣院。後唐時期（西元九二六～九三六年），有印度普化大師巡禮五台山記道：「廿一日，登善住閣，禮肉羅」。唐朝時期，羅睺寺就供奉了一尊肉身羅睺羅像。後獨立建寺，羅睺寺因此像而得名。在藏經閣的院子裡，我們偶遇寺中的出家人蔣揚滇巴，他告訴我們，兩宋年間塑了現在供奉的木刻羅睺羅像，肉身羅睺羅像就被封藏其中。

在《蓮花生大士全傳》第二篇的第十二章中有這樣一段文字：傳說佛陀的親子，亦即密行第一的羅睺羅尊者，也曾化跡在五台山上。所以在五台山上有一首《讚肉身羅睺》的詩：

羅睺尊者化身來，十二年中在母胎。
昔日王宮修密行，今時凡室作嬰孩。
瑞嚴肉髻同千聖，相好眞容現五台。
能與眾生無限福，世人咸共捨珍財。

在敦煌莫高窟中有關五台山的文殊菩薩的資料中也出現了同樣一首詩。敦煌地理位置在於于闐（西域古國，即今新疆省和闐縣）和五台山之間，乃印度和西域佛教傳入內地的必經之路，也是印度和西域僧人朝禮五台山的駐錫之地。因此莫高窟保留了諸多關於五台山的珍貴資料。由此可以基本確認這是一首唐以前的詩歌，而非後人所作。

綜合各方的史料來看，可以認爲，唐朝以前，羅睺羅尊者的化身曾來到五台山。他出生前在母胎中汲取祥瑞十二年，長大以後成道，相好莊嚴，長出一個和其他聖賢一樣的肉髻，爲眾生帶來了很大的利益，示現圓寂後其肉身就被供奉在這裡。

羅睺寺的出家人蔣揚滇巴告訴我們，唐朝時期該地聲名遠播，就是因爲供奉著羅睺羅眞身之故。眞身亦稱肉身羅睺羅。歷史上有很多印度行者不遠萬里特意來到此寺，都是爲了朝拜羅睺羅尊者。到了明朝，也有很多高僧大德於此修行，華嚴大師李通玄正是在這裡得到印度高僧指點而寫出了智慧典籍《華嚴經通論》。清朝初年這裡一度改爲黃教寺廟。

在《大自在祈禱文》的念誦聲中，上師把素淨的純白色和天藍色哈達輕輕地環繞在尊者腳下，虔敬地向他頂禮，並俯下身子長時間地將額頭抵放在佛龕上。這時天地萬物寂靜極了。隨後，上師爲弟子們誦讀《隨念三寶經》的傳承。這部經可以讓我們憶念三寶的功德，對三寶由衷生起信心與感恩之心。在藏地一些寺廟召開法會之前，全體僧眾會一起念誦它。

有一張拍攝於在上師專注念誦《隨念三寶經》傳承時的照片，只見照片上羅睺羅像的胸前明顯泛出橙紅色光芒，非常吉祥。弟子們紛紛轉繞、供養羅睺羅像並長久頂禮。一層大殿裡「開花現佛」的蓮花花蕾，一直延伸入二樓成爲柱子，四周有八個木格合圍而成佛龕，每個格子裡都供奉著一尊金色佛像。離開前，上師也特意於此供養哈達，並再一次轉繞羅睺羅像。

羅睺寺文殊殿內有楹聯一副，對羅睺寺的歷史因緣做了一些闡釋，上曰：「寺號羅睺因有佛子行跡處，殿稱文殊原爲大士說法場」。文殊殿正中的佛台上供奉著文殊菩薩騎獅像。青獅橫臥蓮台，昂首豎耳，神情抖擻。文殊菩薩頭戴寶冠，肩披瓔珞綾羅飄帶，結跏趺坐於獅背之上的蓮台，左側有善財童子相伴。正是這尊文殊菩薩像的塑柱，取材於之前提到的那棵經常有神光顯現在樹頂的老松的樹幹。

在大殿前隨行弟子們圍繞著上師，留下珍貴的合影。

從羅睺寺出來，上師慈悲關切地詢問隨行老年人的身體狀況，鼓勵他們，並安排所有的老人坐車前往善財洞。而他則歡喜地帶領其他的弟子們徒步穿過清水河，登上了通往善財洞的青石板台階。上師身姿矯健，步履輕盈，弟子們都有點兒跟不上。

訪問羅睺寺的第二天，上師接到蔣揚滇巴發來的短信：「堪布您好，我是昨天爲您在羅睺寺做介紹的蔣揚滇巴。見到您覺得十分親切就像幾百年前就曾相識，心中一直想給您頂禮。我至誠地祈願，祝您弘法利生的事業廣大圓滿！」

由於行程匆匆，上師於每一寺中都只做短暫停留，蔣揚滇巴是唯一一位在這次朝聖過程中，沒有擦肩而過，而和我們一見如故、相談甚歡的出家人。

二十五年前的奇妙因緣

一九八七年，在五台山駐留的二十幾天裡，上師除了在塔院寺聽法王如意寶講課及參加法王主持的其他法會活動之外，自己還於眾多寺廟、佛塔前供燈發願。那個年代，照相是件珍貴的稀罕事兒，上師在五台山僅拍了兩張單人照，一張在華覺江措活佛住過的慈福寺，另外一張，大家一直沒猜到是在哪裡拍的。這張留影上，年輕的上師手持念珠，目光堅定無所畏懼，流露出一種清淨莊嚴、妙智圓滿的氣象。上師沒有錯彩縷金的華裝，身上的衣服、披單與裙子都很舊，卻反而顯得很高貴。問及此事時，師父說：「這件衣服買的時候就是舊的，裙子是哥寧活佛送我的，雖然它們滿是補丁，我卻認爲它們非常珍貴，很有加持力。因爲我穿著它們接受了法王如意寶很多的灌頂和傳承，也穿著它們修行很多年。那時候我沒有皮鞋，只有一雙布鞋，前後都破損，變得像是拖鞋一樣。然而穿在腳上也很好，只要不掉下來就可以了。那時候因爲只有一件衣服，洗衣服時需要先借一件。通常我都是去師兄貝瑪扎西堪布那裡借。有一次，不小心把他的衣服弄髒了，我很緊張，反覆洗了很多遍才還回去。那時生活看上去很苦，卻特別開心，年少求學的日子是我一生中最開心的時光。」

在所有青年時代的留影中，上師對這張照片喜愛有加。據上師回憶，當年大家追隨法王如意寶朝禮五台，不同地區、不同寺廟的人都是結伴而來，分住在山裡的不同寺廟中。有一天，新龍地區某個寺廟的出家人特地歡喜前來，請上師一起去拍照留念，因爲他們在喇榮五明佛學院學習時就與上師相交甚好。除了師兄們一起的合影外，他們還特意爲上師留下了一張單獨的相片。很久以後，這張格外珍貴的照片才輾轉送到上師手中。

然而這張上師偏愛的照片，卻一直無人知曉攝於何處。上師自己也印象模糊，只說他當年並沒有留意，那時一起拍照的道友們也都各奔東西了。僅從照片上的石碑和後面的建築也無從判斷到底是哪座山哪座寺廟。

這次朝禮五台山後，弟子們很想知道拍攝的確切地點，想要寫進朝聖紀行中。爲了保證記述的準確和完整，登嘎堪布等人多方輾轉打聽，曲曲折折，才終於找到當年新龍地區該寺廟隨法王如意寶朝禮五台山的一些道友，根據他們共同的回憶，證實了他們當年在五台山所住之處，也就是拍照留影的地方，就是羅睺寺！

又一個巧合。原來早在二十五年以前，年輕的上師就已經來過羅睺寺並留下了珍貴的法照。諸法依緣起，諸多緣起中，《次第花開》是一個上師如海一般廣大的弘法利生事業的重要緣起。開花現佛，正是，果然，花開，佛現。

1987年希阿榮博上師這張法相的拍攝地點，正是羅睺寺

上善財洞

黛螺頂山腰間清泉出沒的秀水河畔，巍然陡峭的山崖上有一石洞，高約三公尺，深約五公尺，大小正好適合閉關修煉。洞內供奉善財童子，因洞建寺，寺以洞名，即上善財洞（本書所說善財洞均指的是上善財洞）。在洞口處，依山建寺。懸崖絕壁上，溪流蜿蜒間，蒼松翠柏青翠欲滴，千年古剎蕭然澗邊。站在這裡，縱觀五台，眞可謂「一聲長嘯乾坤外，五頂生風月影寒」。善財洞分上下兩院。洞口有木結構的殿堂，殿堂上有題名額匾。

殿堂左側旁開小門，再往前探行不遠就是清涼屍林。屍林所在的山坡上穿插著五色經旗，從不同的方向聚到一起。色彩繽紛的經旗點綴在翠綠如煙的樹叢中，非常好看。

殿堂右側有寺名曰金界，其殿堂的前面聳立著兩株古老的松樹，面向台懷鎮，靜靜地挺立在那裡。唐代時金界寺是華嚴宗道場，清朝成皇家寺廟。據記載，這兒是瑞相頻現之地。可考《清涼山志》，宋代名相張商英於此「屢見神物」。一九八七年法王如意寶蒞臨五台山時，曾於金界寺塑了很多佛像，主要是德巴堪布帶著僧眾們完成的。

上善財洞始建於清康熙年間。建寺時，於此洞中掘出文殊菩薩、彌勒佛、善財童子三尊銅像。現存善財童子銅像高約尺許，兩眼炯炯有神采，一派天眞無垢染，是爲唐代遺物，非常珍貴。

洞外有長條形空地，以不規則石板鋪就，外側圍有欄杆，欄外即是凜凜山崖。上善財洞在地理位置上正對台懷鎭，要說善財洞並不算太高，但卻能將台懷鎭盡收眼底。遠處的大白塔和菩薩頂隔著蒼茫綠意遙相輝映，格外醒目。連成片的廟宇群落掩映在蒼山青黛間，翠樹連成林海，深深淺淺的綠色漸變分佈，彷彿是神筆暈染出的水墨畫。即便在這般陽光燦爛的日子，感覺上也是香煙繚繞，神秘莫測。

上師剛到殿前，圖濱師父就捧來一籠小鳥，輕聲說：「加持一下。」上師加持以後，便把小鳥拿到山崖旁放生了。幾乎所有小鳥們都衝出樊籠，飛入山林。唯有一隻與眾不同，牠的方向相反，掠過在場眾人，徑直飛入善財洞中，此後亦未見飛出。

上善財洞洞口以磚石砌牆，留一個圓形的拱門。拱門周圍有木製的架子，架子有五～七層高，放滿了十～十五公分高的善財童子銅像。架子頂端接近屋簷的地方還有一尊較大的善財童子銅坐像，身體金色燦爛微微前傾，雙手合十，俯視著殿堂裡的一切。

上師微微彎腰頷首，久久地站在洞口，凝視著洞內的事物，然後輕揚手中金黃色的哈達，哈達緩緩飄落在童子身上。殿外弟子們陸續到來了，熱熱鬧鬧地忙碌著。然而在殿內，這一刻的上師身邊，萬物靜默岑寂，時間彷彿停止，上師的背影透出一種力量，難以描述，讓人只看一眼，也會有所覺察和感悟。一定是因爲上師的身影和動作是諸佛菩薩身的化身，所以才有這樣的力量，見者解脫。

弟子們都很有體會，上師爽朗的笑聲會讓自己的心豁然開朗。一位上海的弟子說，見到上師之後，在很長的日子裡，上師的笑聲一直在她的耳邊。而在整理上師開示時，弟子發現有的句子無論怎麼樣再寫都不如上師原話；上師有一些習慣使用的詞語，讀起來都有不一樣的心裡感受，所以在工作中輕易不敢修改上師的金剛語，盡量保持了上師所用的句式和詞語。正是因爲上師也是諸佛菩薩語的化身，所以才有這樣的力量，聞者解脫。

上師證悟法身之金剛意和諸佛菩薩沒有分別。在修行路上，沒有比來自上師的意傳加持更爲重要的，所以我們修上師瑜珈，在心裡憶念他。上師乃諸佛菩薩意的化身。對我等愚笨弟子來講，上師不僅僅是諸佛身語意的化身，他對我們的恩德超勝諸佛，所以其實眞的不用討論上師和羅睺羅尊者的殊勝因緣，一切就這樣簡單。

善財洞的殿堂不大，剛夠容納師父和隨行的僧眾於此誦經、頂禮。上師在誦經的時候，輕輕

1987年朝禮五台山期間，法王如意寶剛搬到善財洞，突然來了7個聽法的孩童

多的信眾傳法，到了下午，沒有計畫，毫無準備地搬到了善財洞。到後不久，突然來了七個面容清秀、穿戴樸素卻乾淨整潔的孩子，其中六個小女孩兒和一個小男孩兒。他們在法王前雙手合十，專注而恭敬地聆聽了佛法，之後就消失得了無蹤跡。沒有人知道他們從哪裡來，又去向何方，都感到此事很奇妙。隨後法王在洞中嚴格閉關二十一天。

一天，在善財童子洞裡法王對弟子說：「我曾經在夢中三次遊歷五台聖地。其中一次，我在中台金剛寺附近的一棵樹下發現了一尊破損的文殊菩薩石像，現在你們去中台找找看。」法王的弟子們立即前往中台，果然在金剛寺附近的一棵樹下發現了一尊文殊石像。後來帶回學院，現供奉在心寶山的文殊殿裡。

藏曆四月二十九日，也是米滂仁波切示現圓寂的紀念日。那一天，於清淨的顯現中，法王如意寶清晰了然地現量見到三世諸佛智慧的本體文殊菩薩。文殊菩薩以寂靜相顯現，身體金黃色，頭戴五佛冠；右手舉寶劍，左手持經函；金剛跏趺坐，圓滿報身裝。法王如意寶十分歡喜，信心倍增，隨即唱出《親見文殊菩薩時發願之金剛道歌》。法王唱道：「我像一個無依無靠的孩子渴求見到自己的母親，日日夜夜渴望見到您。今日我與數以萬計的弟子，不遠萬里，從遙遠的藏地來到這裡，就是爲了找尋您的身影……。」道歌最後有以下的偈頌：

見此當現悲智威猛力，並將二取輪迴迷亂相，
如從沉睡夢中覺醒般，消於平等法性大樂中。
您是承擔諸佛事業者，往昔數多劫前已選定，
祈求無垢佛法日月光，普照有情虛空福遍天。
倘若我爲利益無量眾，發誓虛空未盡勤精進，
當成一父同等殊勝位，迅速獲得究竟求加持。
從今乃至生生世世中，與尊者您不離一剎那，
遵循普賢廣大行願王，一切眞實義果願現前。

在文殊菩薩面前，法王如意寶立下誓願：生生世世度化沉溺於痛苦無邊輪迴中的一切苦難眾生，使他們擺脫業惑的枷鎖，獲得無上的安樂，趨入究竟的法界。在善財洞，法王如意寶留有一張珍貴法照。法照上法王跏趺端坐於洞中，身後石壁上供著佛像。他面容略顯消瘦，嘴微微張開，抬眼注視著虛空，雙手執持一個小佛像，還在光明境界中。

法王於光明境界中親見文殊菩薩後，弟子們將《親見文殊菩薩之金剛道歌》以藏文、蒙文以及漢文三種文字繕寫在該洞內，並在洞中塑了三尊像。中間的是文殊菩薩，兩側分別是善財童子和法王如意寶，這尊法王像的坐姿，就是法王見到文殊菩薩時的坐姿。法王如意寶當時親口說過，在洞前好好發願，從此以後行持善法，永不作惡，這樣可以把自己的功德融入到文殊菩薩、善財童子和法王如意寶的功德海中，直至成佛永不滅失。

1987年，法王如意寶在善財洞

【典故】

師利星哈祖師的修行歷程

師利星哈祖師誕生於漢地秀夏洲。秀夏洲是古代地名，具體位置尚未有準確的說法，一說在陝西西安附近。十五歲時，他去漢地菩提樹寺，跟隨哈芮巴拉學習三年，通曉了五明。

一日當他騎著駱駝向西朝著金洲城行進時，在淨相中親見觀世音菩薩，於虛空中觀世音菩薩對他說：「善男子！如果你真想得到悉地之果，在天竺有城名曰索薩洲，你應去那裡。」師利星哈祖師非常歡喜，但心想：「我應先修學完整的外密和內密續部，如此我將可以更好地領會最殊勝法門。」他來到五台山，用了七年時間跟隨貝拉格底上師修學完整的外密和內密續部。他受戒成為比丘，並在三年中嚴持具足戒。觀世音菩薩再次現身重複了先前的授記。師利星哈祖師想，最好運用神通前去，以避免路上出現障礙。於是他修持儀軌三年並得到神通，使他可以離地大約兩尺，像風一樣地行進。以此方式，他來到索薩洲，在文殊友那裡求法並修持二十五年。

根據《空行寧體》和其他資料，師利星哈祖師也曾去了施達瓦那屍陀林並直接從極喜金剛處得到寧體法門，而且後來他將這些法門傳給了蓮花生大士和毗盧遮那大譯師。

隨後文殊友示現圓寂，證入涅槃，他的色身在索薩洲城中央的屍林中的塔頂上消融。虛空中充滿音樂與彩虹。師利星哈祖師悲哀地祈禱：「嗚呼哀哉！大虛空！金剛上師光若隱，世間黑暗孰能除？」

此時，文殊友現身空中，伸出右手，將一個指甲大小的寶篋置於師利星哈祖師掌中，在寶篋中師利星哈祖師發現了文殊友祖師用百種寶物之墨寫於五寶金屬之葉上的遺教《貢年珠巴》（《修定六受》）。

師利星哈祖師從此對自己的證悟不再有任何疑惑，並無礙通達了最勝密續的句與義。他將文殊友伏藏於菩提迦耶金剛座下的經函取出並返回漢地。

在漢地，他將大圓滿竅訣部法門分成外、內、密、極密四類。他將前三類定名為有戲法門，並將其伏藏於漢地菩提樹附近寺院的閣樓裡。極密類寧體法門他則隨身攜帶形影不離。後來按照空行母指示，他將此法門伏藏於扎西智果並將其託付給大圓滿護法一髻佛母。此後他住於漢地斯晉屍林享受密行之樂，成為當地諸多勇士和空行之上師。

師利星哈祖師給予毘瑪拉密札大圓滿竅訣部外、內、密三類法門的口耳傳承。他將竅訣部所有的四類法門的口耳傳承與法本經函傳授給嘉納蘇札，並給他傳了竅訣部的導文講解和所有四類灌頂。

隨後師利星哈祖師消融於光蘊身，他的遺教《澤唔頓巴》（《七釘教言》）降落於嘉納蘇札手中。

【典故】
嘉納蘇札祖師的修行歷程

嘉納蘇札祖師生於東天竺的一個首陀羅種姓家族。他成為智者並在菩提迦耶與五百班智達住在一起。五百班智達中有毘瑪拉密札，由於前世的因緣他們的關係非常親近。一天嘉納蘇札和毘瑪拉密札到菩提迦耶以西兩里處避暑，此時金剛薩埵現身虛空中對他們說：「善男子！你們曾五百世轉生為班智達，但尚未證得佛果。如果你們想於此生證得能將肉身消融的正等覺，就去漢地菩提樹附近的寺院吧。」

毘瑪拉密札馬上動身來到漢地，得到了大圓滿竅訣部外、內、密三類法門口耳傳承後返回天竺。他和嘉納蘇札再次會面。他告訴嘉納蘇札，他向師利星哈求法和修行的經過。

隨後嘉納蘇札也去了漢地。他以神通力在一天內就越過了通常需走九個月的路途。當他來到漢地菩提樹附近的寺院時，遇見一個手裡提著滿滿的一瓶水的美麗女孩。女孩囑咐他去扎西智果寺。當他來到這座規模宏大金碧輝煌的寺院，一位空行母吩咐他去斯晉屍林。他去了屍林，見到師利星哈，在骷髏寺裡獻上供養請求上師傳法。在九年的時間裡，師利星哈祖師傳給他大圓滿竅訣部外、內、密三類法門口耳傳承，並於菩提樹附近寺院中取出已經伏藏的相關經函法本，將這些經函法本付囑給嘉納蘇札。

嘉納蘇札非常歡喜並打算離開。師利星哈卻說，「甚深法門尚未傳授。」於是他再次向師利星哈求法。在扎西智果寺，師利星哈傳授了嘉納蘇札完整的有戲灌頂，並在接下來的三年中講授極密類法門，但師利星哈並沒有給他經函法本，只說時機未到。

此後在一個廢棄的城市裡，師利星哈傳授他無戲灌頂。當嘉納蘇札祖師在果薩山頂完成了一年區分有寂的前行修習後，師利星哈給他傳授了極無戲灌頂，嘉納蘇札祖師心中生起了無上殊勝的信心。接著修習了一個月後，嘉納蘇札和師利星哈在一起又待了十六年，修習禪定並遵守密乘戒。

師利星哈祖師常常舉止神秘，在屍林裡遊蕩，將自己變成各種身形，與空行母和令人恐懼的有情打交道，沒有絲毫畏懼。

其後師利星哈祖師應離國巴晉國王邀請，騎著白色雄獅，坐在由六個年輕夜叉打著三層傘蓋的絲帳裡，從空中去赴約。他離開後第七天早晨，空中聽到一聲巨響。嘉納蘇札朝虛空中望去，看到上師坐在一片虹光中。嘉納蘇札意識到上師的色身已經消融了，經過祈禱，師利星哈的遺教《七釘教言》落入他的掌中。

師利星哈祖師還給他授記指示：「極密類寧體法門的經函法本伏藏在扎西智果寺的柱子中。將它們帶上，去巴森屍林。」於是嘉納蘇札取出經函法本並去了最美麗也是最令人怖畏的巴森屍林，此屍林位於菩提迦耶以東。當嘉納蘇札在那裡行持密宗禁行並給空行母傳法時，也在行持密宗禁行的毘瑪拉密札從空行母處得到授記後，來到屍林見嘉納蘇札。嘉納蘇札給他傳了大圓滿竅訣部的所有四種灌頂和法門，並將經函法本付囑給他。

此生最後時刻，嘉納蘇札證得了色身消融的虹身成就。當毘瑪拉密札悲傷地祈禱時，嘉納蘇札現身於虛空中，並授予毘瑪拉密札他的遺教《四安住法》。

蓮師薈供，傳承《上師瑜珈》

「大家念法王如意寶的祈禱文，供燈。我們先做薈供。」上師轉身進入殿內，蓮師薈供開始了。僧眾們薈供所用儀軌《與七句祈禱文相屬之薈供》收錄在《顯密念誦集》第二冊中。一些弟子站在殿門口，雙手合十，虔敬地念誦法王祈禱文；另外的弟子則忙著在大殿的月台上、欄杆內側等可能找到的平台上點酥油燈。

師父和僧眾們念經的時候，聽達喇嘛用心地把薈供的食品拿出來，放一部分在殿內洞口的供桌上。過了一會兒，圖滇喇嘛和聽達喇嘛給大家拿來很多加持過的食品，一一分給弟子們。

圍繞在上師身邊的弟子們都很和諧，在殿外嬉笑言歡，非常吵鬧和開心。與此同時，殿內卻是另外一番景象。有一陣子，上師和僧眾

上善財洞，希阿榮博上師為弟子們念誦《上師供修法儀軌》和《上師瑜珈速賜加持》的傳承

們悠然安住，殿外嘈雜的聲音好似空谷間的迴響或者雨後的彩虹，沒有什麼實存的本質，對僧眾們的安住沒有帶來任何干擾。

薈供畢，上師轉過身來，把坐墊墊高一些好讓弟子們能夠看到他。弟子們如往常一般，安靜地圍坐在殿前。上師開示道：

「我們是法王如意寶的傳承弟子，因此和善財童子的因緣非常特殊。在這個殊勝的地方，由於殊勝的緣起，今天我給你們念誦《上師供修法儀軌》和《上師瑜珈速賜加持》的傳承。兩個儀軌都已譯成中文，收錄在《顯密念誦集》第一冊中。法王的上師瑜珈是法王如意寶在五明佛學院的南山閉關時從境界中流露出來的。做功課的人都應該知道，法王的上師瑜珈和《上師供》裡涵蓋了大圓滿的所有的竅訣，特別殊勝。弟子們把《上師供》當成上師瑜珈修也可以。法王在南山講大圓滿實修的時候曾經說過，修行大圓滿一定要修行《上師供》。」

隨行弟子們都能看出來，上師念誦時，依然沉浸在對法王如意寶深切的思念中。上師的心遠離一切戲論，恒時安住於大悲空性的境界，顯現上卻隱忍、慈悲而柔軟。他對法王的情感眞摯深厚，超越言思。上師二十五年前於此依依惜別法王如意寶，法王便是在善財洞爲他傳講了大圓滿竅訣，之後上師就帶著對法王的留戀與不捨，悲傷地離開了五台山。而更早的時候，同樣是在這裡，當師利星哈祖師消融於光蘊身時，嘉納蘇札悲傷地祈禱：「金剛上師光若隱，世間黑暗誰來除？」善財洞的殊勝和加持力是否也因爲它承載了太多大圓滿祖師的離別和淚水？

當上師開始念誦傳承，圓滿的光環出現在太陽周圍。圓光的色彩和昨天相比淡了許多。淡彩的圓光讓天空添了幾分肅穆凝重，少了幾分歡快活潑，彷佛被上師對法王的思念所感染。圓光是文殊菩薩的顯現，和上師心靈相應。正如上師所說，文殊菩薩一直和我們在一起，一秒鐘也不曾離開過。

上師座前增加了幾位從色達喇榮五明佛學院趕來的出家人，其中一位鬍鬚鬢角都已發白的老喇嘛尤爲虔誠。他對法王如意寶的信心特別大，找到上師希望求法王的上師瑜伽傳承。在善財洞，在上師座前，他發願念誦法王祈禱文一百萬遍，贏得一片隨喜讚歎聲。

傳承以後，上師又帶著弟子們一起修法王如意寶的上師瑜伽。因爲上師對法王如意寶深切思念，弟子們的思緒又回到二十五年前的春天。

那一年五台山的春天一定生機盎然特別美麗，上師卻無法久留。遵照法王如意寶的囑咐，他必須提前結束朝聖，返回家鄉以繼續處理有關當地寺廟整頓的事務。臨行前，正在善財洞閉關的法王特別恩准年輕的上師與自己單獨見面。

走進善財洞，年輕的上師見到法王如意寶，像以往一樣誠惶誠恐，只是這一次情境不同，心境也不同，離別的惆悵深深困擾著他。恭敬頂禮後，上師向法王簡單彙報了自己的行程計畫與此次回鄉應對問題的辦法。法王認眞聽完後，以手示意，讓上師來到近前。想到即將要和自己的大恩根本上師分開，念及法王如意寶的慷慨和慈悲，遙知此行註定的責任與艱險，年輕的上師潸然淚下。他虔誠地跪下來，把頭輕輕靠在法王的膝蓋上，即刻感受到溫暖的加持從頭頂注入全身。法王就那樣一直把手放在他頭上，溫柔地撫摸、安慰。這是他老人家的習慣。自從上師來到五明佛學院，法王每次見到這名心愛的弟子，都會把他輕喚到身邊，用手撫觸他的頭，長時間慈愛地看著他，喃喃地叨念：「我的好弟子，我的好弟子！」在溫馨而強烈的覺受中，弟子的心與上師的心融爲一體。

那日在善財洞，法王如意寶特別向上師傳授了大圓滿修法甚深竅訣。臨別時，還把自己的甘露賜給上師。這是上師所得法王恩賜品中最爲珍貴之物，至今仍小心珍藏，輕易不肯示人。離開之前，除路費外，上師把所有的錢財悉數供養了法王如意寶。

正如究竟意義上文殊菩薩是我們的覺性，從來也未曾離開過我們一樣，法王如意寶也從未離開過。法王一直都和上師在一起，他們生生世世永遠都不會分開。

善財洞上師再開示

上師接著開示：

「上午的朝聖已經圓滿了，希望大家要努力堅持顯密教法的聞思和修行。這次在那羅延窟給大家傳授了文殊身語意灌頂，在西台山洞傳授了蓮師身語意灌頂，所有參加的人都已是受了密乘戒的弟子。清淨的戒律是一切功德的根源，是獲得暫時和究竟解脫的基礎。得到灌頂之後，比灌頂更重要的是護持密乘戒律，這是每位密乘弟子必須遵守的。

「佛經上說，來五台山朝聖一定可以見到文殊菩薩，你們一定已經見到了，昨天在中台和西台，今天在善財洞，所有的彩虹和祥雲都是文殊菩薩的顯現，表明我們已經見到了文殊菩薩。有信心的話，可以清淨無始以來的很多業障。

「依止善知識非常重要，嘉納蘇札和毘瑪拉密札得到金剛薩埵的授記：『你們兩位五百世轉成爲班智達，也沒有眞正見到心的本性。一定要去東北的漢地依止師利星哈祖師。』得到了所有的大圓滿教法後，他們後來都獲得了虹光身成就，所以找到一個具德上師非常重要。

「《寂靜之道》中提到，末法時期和我們自己的業力有關係，雖然如續部經典中所說具足一切功德的上師極爲難得。具德的上師是指密乘戒律清淨而且眞正親近過本尊的上師。法王如面輕輕地爬上天際，在上師安住於大悲空性境界時一點點慢慢伸展開來，銜接著青山萬重。像是虛空中的回聲和雲彩，一點兒也不影響虛空本身一樣，些許憂傷也不影響安住。如云：「空性的虛空中，大悲的妙力任運行持。」是爲非常殊勝吉祥之緣起。

「今天的緣起非常殊勝。很多人認爲我是羅睺羅尊者的化身，這是不可能的事。原來札熙寺有一位高僧索南嘉措活佛是羅睺羅尊者的化身，而我被認爲是索南嘉措活佛的轉世。另外有授記說，扎西持林興盛的時候會有聖者羅漢在這裡弘揚佛法，利益眾生。因爲這個巧合的緣起才有這樣的說法。

「眞正的羅睺羅尊者和釋迦牟尼佛祖沒有區別。佛經也有了義和不了義之說，不了義佛經是爲了利益眾生而說的。薩迦法王和我從來沒有見過面，他撰著的住世祈禱文裡，說到很多的印藏大德的化身是我，這應該是不了義的。我沒有這麼功德圓滿。高僧大德可能有密意，可以更好地利益眾生所以才這樣說。

「早上從菩薩頂下來時去了羅睺寺，得知那裡供奉著羅睺羅尊者化身的眞身。平時不開放的藏經樓今天開放了，我們有幸朝拜。這尊像以後很多人會知道，也會有很多人來朝拜，能夠利益很多眾生，這是很好的緣起。

「這次朝聖非常圓滿，我們師徒的關係也特別親密，將來也可以依止其他善知識，只要在心裡不捨棄就可以。從現在開始，大家能否儘快修一遍五加行，這是很重要的。修完之後，在其他善知識面前求大圓滿法也可以，因緣聚合的話，我們師徒之間傳授大圓滿也是有可能的。所有的大圓滿傳承上師都強調，包括法王如意寶，求大圓滿一定要修完五加行才可以。要想眞正修大圓滿必須先修五加行，才能求大圓滿和竅訣，這是非常重要的。

「剛才已經說了，這次來的人都是非常親的金剛兄弟，比這再親近的沒有了。世俗間都很重視同學，每年相聚，我們佛教徒也應該相聚，團結和睦很重要。聚會時吃飯並不重要，共修應該很殊勝。前幾天從北京出發時我也說過，如果當地的弟子們不團結，我可能不一定會再去。

「弟子們自己有什麼心願，一定要好好發願，發心清淨的話，願望一定能夠實現。」

人，很多這樣殊勝的傳承是發生在這裡。我們大家一起簡單念誦破瓦法和古薩里法。修斷法可以幫助行者斷除煩惱和我執，迅速積累資糧，獲得成就。」

堪布阿瓊仁波切在《前行備忘錄》中有關於破瓦法的教言，針對最初沒有機會求得正行就突然出現障礙、無常或死亡的修行者，或者求完正行之後不具足即生解脫、臨終解脫、中陰解脫之修行境界的修行者以及修道沒有得穩固者，就要依靠破瓦法來延續道的修行。這個方法如同一個水渠中斷後，用另一個水溝或容器把它連接起來，此竅訣法就稱之爲破瓦法，也叫遷識往生法。

「古薩里」是乞丐之義。古薩里法也就是施身法或斷法，意思是指捨棄現世的、住在山裡閉關的修行人，無法獲得除了自己的身體之外的可以用來積累資糧的受用，因而依靠觀想供施自己身體的方法來積累古薩里資糧。我們辛辛苦苦所積累的一切物質是爲了滋養自己的身體，我們珍愛自己的身體勝過其他一切受用，所以爲了解脫對五蘊的執著，而進行供施身體的修行比供施其他物質更殊勝、功德更大。耶謝措嘉佛母的化身，西藏偉大的女性修行者瑪姬拉准說：「無貪施身體，未知爲二資，珍愛蘊身體，佛母前懺悔。」

巧合的是，上師被哥寧活佛認定是自己的父親索南嘉措尊者的轉世，而在伏藏大師的授記中，索南嘉措仁波切的前世中有一世是瑪姬拉准空行母。

大家取出課誦集，跟著上師念誦起來。聲音迴蕩於山谷，音調韻律俱佳。後又誦《普賢行願品》。

結束前，上師又叮囑道：「今天上午的朝聖已經圓滿了。希望弟子們快一點能夠修一遍五加行，如果因緣具足的話，有可能能給你們傳授大圓滿的灌頂和竅訣。能夠儘快修一遍五加行的弟子們請舉手。」弟子們紛紛舉手，上師很歡喜，指著一位老喇嘛對大家說：「他對法王特別有信心，一生都希望見到法王如意寶，但是沒有見到。今天在善財洞前，他發願要念誦一百萬遍法王祈禱文。弟子們也要經常念誦。」

僧眾們唱誦著吉祥偈，我們圓滿了第四天的行程。臨行前把自己的指甲和頭髮撒在灌木叢中。

第五天

藏曆水龍年五月十七日

陽曆二〇一二年七月五日

香炉在外

希阿榮博上師在顯通寺的千鉢文殊佛像前誦經祈禱

旅遊小資訊

清涼寺

清涼寺因著名的文殊聖跡「清涼石」而得名。據傳此清涼石為文殊菩薩向龍族借來的，龍族耕雲布雨之後渾身發燙，一躺在這塊大石頭之上，立馬清涼舒爽。文殊菩薩曾於清涼石上講經說法，因此也稱「曼殊床」。原寺建於北魏孝文帝時期，規模宏大，今寺是二十世紀九〇年代重修。

黛螺頂

黛螺頂位於台懷鎮中心寺廟群區以東，陡峭的半山脊上。從山下仰望，只見巍巍高山的半山腰間又聳起一座小山。小山形如大螺，盛夏草木萋萋，呈一片黛青，故山頂寺宇名為大螺頂，又稱黛螺頂。寺廟始建於明代成化年間，寺內還有乾隆十五年（一七五〇）御製的大螺頂碑記。

顯通寺

顯通寺是五台山規模最大、歷史最悠久的一座寺院，和洛陽的白馬寺同為中國最早的寺廟。此處也是五台山五大禪處之一和全山寺院之首。顯通寺前的鐘樓裡有五台山最大的銅鐘——長鳴鐘，鐘的表面刻有一部萬餘字的楷書佛經。

文殊髮塔

文殊髮塔在塔院寺方丈院後邊，和方丈院僅一牆之隔。塔的形狀和大白塔相仿，但沒有大白塔高，也不像大白塔那樣雄偉，它的高度僅六公尺多。相傳此塔內藏有文殊菩薩顯聖時遺留的金髮，所以又稱文殊髮塔。

佛母洞

佛母洞又稱千佛洞，坐落在南台東南支脈接近山頂的地方。佛母洞分為外洞和內洞，大洞套著小洞，內洞天然酷似人體腹內形狀。世人入洞即為「投胎佛母」，受其恩育；出洞即為「佛母重生」，脫胎換骨。

清涼寺

黛螺頂

顯通寺

文殊髮塔（右）

佛母洞

傳說中順治皇帝的出家之地

清涼寺

一九八七年上師跟隨法王來朝拜清涼寺的路上，途經九龍崗景區時，曾到竹林寺看望秋吉尼瑪活佛。當時活佛和他的家人、僧眾們一起暫居於此。上師和秋吉尼瑪活佛是非常親近的金剛兄弟，於是在竹林寺留連數日。

那時秋吉尼瑪活佛帶領僧眾們在竹林寺塑了很多佛像，包括文殊菩薩、蓮師、菩提薩埵、赤松德贊、密勒日巴和伏藏大師仁增貴滇等等。其中密勒日巴的塑像栩栩如生，非常傳神，令上師於今仍然記憶猶新。

清涼寺位於中台頂西南部的清涼谷，海拔一千八百公尺，兩側峰巒挺拔，山上松柏密佈，谷中流水潺潺，遠天白雲飄飛，山間霧氣洄瀾。即使在炎炎夏日，這裡依然是林蔭蔽日、空氣濕潤的清涼世界。谷之南有廟宇依山傍壑，即清涼寺，乃是五台山最早的寺廟之一。傳說，這裡是順治皇帝的出家之地，故而乾隆皇帝對這裡非常重視，曾經五次到清涼寺朝拜。清涼谷北延有清涼泉，水寒而澄澈。

寺中立有清涼石，長五公尺，寬二點六公尺，厚二公尺。石面平整光滑，色呈青藍，自然文藻。天地雨露的千百年潤澤之下，石上彷佛有天然顯現的經文字樣，爲五台山的神奇鎮山之寶，亦是文殊菩薩的法座。

清涼石又稱歇龍石。相傳遠古時期，五台氣候異常酷熱，沒有清澈的泉水更不見滿山草地和野花。文殊菩薩來此演教説法，爲利益眾生，從東海龍王處借來歇龍石置於該處，五台山即刻成爲清涼世界，此山從此又叫清涼山。北魏孝文帝依山傍水建立清涼寺。因文殊菩薩曾於清涼石上講經説法，清涼石又稱「曼殊床」，其加持力不可思議。

清涼石與它所依託的山林寺廟彼此映襯，其上坐幾百個人不會顯得小，坐幾個人也不會顯得大，非常神奇。二十幾年以前法王坐在清涼石上給數百名四眾弟子傳授了很多佛法，其後法王帶著弟子們一起念誦《普賢行願品》並共同發願弘法利生。法王如意寶有一張珍貴的法照正是留影於清涼石端，他帶著笑意凝視前方，目光如炬，卻又空靈，莊嚴好看。他的愛犬也坐在石上，背對鏡頭看著遠山，好像若有所思。法王的身後是清涼谷連綿的青山，腳邊有石上淺綠色的斑駁苔痕。其時法王也帶領僧眾們於清涼寺塑了很多佛像。

1987年，法王如意寶帶領四眾弟子在清涼石念誦《普賢行願品》並共同發願弘法利生

25年後，希阿榮博上師再次來到清涼石，帶領弟子們念誦《普賢行願品》發願

清涼石上開示如何發心

朝聖第五天清晨，上師帶領隨行弟子來到清涼寺。依舊帶著熟悉的笑容，上師輕輕地信步走來。他直接來到清涼石旁，爲弟子們開示道：

「在諸多的聖境中，五台山的羅延窟、善財洞和清涼石是法王如意寶曾經蒞臨，最爲殊勝的三個地方。文殊菩薩化現成一個年老的和尚，從東海龍王處借來清涼石放在這裡，因爲這個緣起，五台山的氣候才那麼好，所有眾生都得到了安樂。清淨的人應該看到，現在有很多菩薩在這裡轉法輪。但是有的人會懷疑這裡有沒有這麼大的地方，這麼大的石頭不用說了，就是一個微塵，上面也有無數淨土，因爲時空不一樣。現代科學剛剛發現了一點點，二千五百年以前釋迦牟尼佛把所有的現代科學的新發現都超越了，如果諾貝爾獎可以發給他的話，他可能把所有的諾貝爾獎都拿走了。大家先頂禮，我們來朝聖，保持內心安靜特別重要，弟子們不要散亂。」

上師帶著弟子們念誦法王祈禱文並向清涼石頂禮。待上師和僧眾們攀上清涼石並於石上安穩就座，弟子們才相扶相攙一一上去，包括幾位年過古稀的老師兄也輕而易舉地上去了。上師、僧眾和弟子們一行共六、七十人，恰好占滿整個石頭，其樂融融，顯得圓滿可愛而又十分溫馨。

課誦念完以後，上師開示道：

「清涼石的功德大家已經都知道了，實際上就是佛的壇城，是眞正的見解脫。很多史料記載，有時看到佛祖和他的羅漢，有時看到文殊菩薩或者金剛手菩薩在清涼石轉法輪，但走近了一看就沒有了。這樣的故事非常多，今天一定也是天空中充滿了諸佛菩薩。大家要觀清淨心。我想這次朝聖非常殊勝，隨行弟子應該很清淨，才遇到這麼多瑞相，包括昨天在善財洞，很多弟子都看到了文殊語獅子的雲彩，天空中出現了很多瑞相。

「發願很重要，法王如意寶常常說，他下半生弘法利生的事業這麼廣大，是因爲在文殊菩薩剎土念誦近二百萬遍《普賢行願品》的緣起。我現在弘法利生一點點的功德，是法王如意寶的恩德，也和一九八七年和法王一起朝拜五台山發下的誓願有關係。

「在這麼殊勝的地方，實際上受菩薩戒是非常隆重的事。發心有三種。第一種發願自己先成佛，之後再引導眾生成佛，這稱爲國王般的發心；第二種發願與其他眾生一起成佛，這稱爲船夫般的發心；第三種發願除非所有眾生都解脫，否則誓不成佛，這稱爲牧童般的發心。以上三種發心，都是爲了利益眾生而成佛。文殊菩薩是第三種，像是一位盡職盡責的牧童，暮色降臨之時，把看護的牛羊全部帶回圈裡安頓好之後，他才回家。這是不可思議的發心。大家也要像文殊菩薩那樣發菩提心。

「發菩提心的功德很大，巴楚仁波切說，想成佛的話，有菩提心就可以了。如果沒有，那就必須生起菩提心。而要修持大乘佛法，發菩提心以及六度萬行的基礎是菩薩戒。」

在上師的攝持和引導下，弟子們先受了皈依戒和菩薩戒，又得到了上師瑜珈的法像：一張精美的小卡片上，上師相好莊嚴，以班智達之身飾、文殊童子之身像而顯現，雙足金剛跏趺之坐勢，雙手心性休息之手印，端坐於法座之上，上師的頭頂是一尊文殊菩薩。

這時清涼寺遼遠蔚藍的穹空中，佈滿了輕淡如絮的祥雲，形狀繽紛、姿態各異，非常吉祥。觀之令人愉悅，祥雲下悠然想來，在上師面前受持菩薩戒、發菩提心，諸佛菩薩和虛空中所有的眾生一定會隨喜讚歎我們！

上師說：「大家要像文殊菩薩一樣發願，生生世世，盡自己能力，利益一切眾生。《普賢行願品》是普賢菩薩應善財童子祈請而宣說的發願文。我現在給你們這個傳承。」

賓瀘活佛用手打著節拍，不少弟子的臉上都劃過了晶瑩淚痕，大家和上師一起念誦了《普賢行願品》。

「今天那麼好的地方，我們受了菩薩戒並傳了《普賢行願品》，非常殊勝。一九八七年法王蒞臨時，幾百弟子坐在這塊石頭上面傳講無上大圓滿。

「我們現在就去黛螺頂朝聖，這是和朝禮所有五個台功德一樣的地方。很多高僧大德授記，冬天的時候很難上五台山，但是如果到了黛螺頂就等於朝拜了五方文殊菩薩，功德是一樣的。在黛螺頂的五方文殊像非常殊勝，去了以後大家一邊轉繞，一邊好好發願。」

上師微笑著注視著弟子們，待大家逐個從清涼石上下去，他親手把潔白無染的哈達繫在清涼石上。站在石上，上師低頭仔細地查看上面自然顯現的各種圖案和文字。隨後上師敏捷地縱身跳下石端，帶著弟子們繞轉。繞轉時上師留意著上面呈現的種種字符與梵文，他把頭輕輕放在石上，念誦了一遍法王祈禱文。在香爐旁的石台上，上師輕輕地供了燈。

清涼石旁的大殿中供著文殊菩薩、普賢菩薩和觀世音菩薩。上師很快來到這個不太引人注目的地方，一絲不苟地供養哈達、頂禮並從懷裡拿出一點錢放在功德箱裡。上師總是細緻、縝密而周全，不會忽略身邊任何一個人或一件事。點燈、頂禮、上香，甚至走路或者說話，上師動作都很快，卻永遠都那麼雍容雅致、恬淡自在。

裡，念誦著《大自在祈禱文》，上師不時和對面坐在下行纜車上的遊客打招呼，讓人感覺親切和溫暖。當一個陌生人有緣與上師擦肩而過，當他看到上師慈悲的笑容、柔和的目光或者高大的身影，哪怕只是偶爾瞥見上師僧衣的紅顏色，也生起了歡喜心，就播種下解脫的種子和妙因。

纜車停靠站上面不遠處即是黛螺頂，刻有大字的牌樓巍然挺立。於斯地，整個台懷鎮和周圍起伏的山巒皆能映入眼簾。空濛的山色，浩淼的天際，變幻的雲彩，青翠的林木，婆娑的樹影，遮不住的青山隱隱，流不盡的綠水悠悠。大白塔和菩薩頂在相對廣闊的空間裡好像突然變得小而精巧，勝景難書，幻境難書。上師於此駐足，登高而望遠，憑欄極目遠眺，並留下了珍貴法照。

上師悠然走入黛螺頂寺，站在旃檀佛殿和弟子們說起話來。

黛螺頂的主殿是著名的五方文殊殿，小朝台指的就是朝拜這座大殿中供奉的五方文殊菩薩，東台聰明文殊、北台無垢文殊、中台孺童文殊、南台智慧文殊和西台獅子吼文殊。上師說：「乾隆皇帝來過好幾次五台山，因爲天氣不好，路也難走，都沒有登上台頂。於是他就在黛螺頂塑了五尊文殊菩薩像，並請了很多聖者和高僧大德一起修法以迎請五方文殊菩薩來到這裡。如此一來，朝拜黛螺頂的功德就和朝拜五個台頂是一樣的。法王如意寶在世時，爲了方便信眾朝拜文殊菩薩，就在喇榮溝，學院周圍的五座山上，帶領所有的高僧和出家人一起修法迎請五方文殊菩薩到喇榮來。大家知道，這五座山上常常出現瑞相，不可思議。從此，繞山的信眾越來越

黛螺頂五方文殊殿內，希阿榮博上師向五方文殊菩薩供養五色哈達

多。喇榮溝也就被稱爲多康的五台山。所以我們要有信心，在這裡朝拜和在五個台頂朝拜的功德是一樣的。」

語畢，上師走進旃檀殿，佛壇之上供奉著一尊站立的旃檀佛，以旃檀木精工雕刻而成。旃檀佛乃佛教最早的造像形式。據說佛祖成道後，準備到忉利天看望他的母親摩耶夫人。弟子們想把佛祖的形象留在人間，卻都誠惶誠恐無限謙卑，沒有人敢直視佛祖，於是只好把佛祖在水中的倒影畫下來塑像，結果把流水的波紋也塑在像上了。故此佛像有如水波一樣的紋理。旃檀佛精美雅致，上師於此供養哈達，白色的哈達不偏不倚剛好飄落在佛像的手上。在幾朵白蓮花前面，上師念誦了經

小黛螺頂上的特殊法座

值得記述的是，在大黛螺頂不遠處，有小黛螺頂，是文殊菩薩及其一萬眷屬經常轉法輪的地方，非常殊勝。師利星哈祖師也曾經在這裡傳法。一九八七年法王如意寶在這裡駐留了幾天的時間。

小黛螺頂有一個用小石頭堆砌的法王如意寶的法座，和上師前幾天在那羅延窟前傳法時用的天然法座有幾分相像。就是在這個法座上，法王曾爲四眾弟子傳授了米滂仁波切的《四臂文殊菩薩》灌頂以及很多其他的修法與竅訣。

在小黛螺頂，法王如意寶寫下《忠言心之明點》，也是在這裡，法王爲有緣弟子們傳講了這部教言。法王親口說過：「將來有恭敬心的修行人，如果領受了這個教言的甘露精華，與直接見到上師沒有任何差別。」

行程16 五台山最大的一座寺廟

顯通寺

顯通寺坐落於台懷鎮中心地，是五台山最古老、規模最宏大的寺廟。該寺歷史悠久，珍貴文物眾多，是佛教聖地中的一顆璀璨明珠。眾所周知，河南洛陽白馬寺，爲中國始建年代最早的一座佛寺，被人們稱爲「釋源」。而顯通寺的初建時間，可以和白馬寺相比擬。

顯通寺始建於漢明帝永平十一年，原名大孚靈鷲寺。北魏孝文帝時期擴建，因寺旁側有花園，賜佳名曰花園寺。唐代武則天以新譯《華嚴經》中記載有五台山，乃更名爲大華嚴寺。明太祖重修，又賜匾額「大顯通寺」。顯通寺占地約一百二十畝，各類建築四百餘座，且大多爲明清時期所建。顯通寺也是五台山最大的一座寺廟。

顯通寺建制宏偉，道路開闊，古樹蒼天，殿堂嚴整，一派皇家氣象。於中軸線上，主要有殿宇七座，從南到北，依次爲觀音殿、大文殊殿、大雄寶殿、無量殿、千缽文殊殿、銅殿和藏經樓。

一九八七年法王如意寶於此塑了很多佛像。

在顯通寺門口，上師把香一一分給隨行弟子，隨後帶著大家走進這座古老宏大的寺院。一路上遇見的信眾均紛紛過來，雙手合十禮敬上師。亦有不少信眾雖不認識上師，卻遠遠跟隨著。

上師最先來到大文殊殿朝禮，一邊不忘囑咐弟子們「要好好發願」。和其他文殊殿有所不同，大文殊殿供奉七尊文殊菩薩像。正中爲大智文殊。大智文殊前面有五尊文殊菩薩像，即五方文殊。大智文殊後面是甘露文殊，兩側有十八羅漢。

絲綢哈達又輕又薄，而上師卻總是能把它們拋得很高很遠。藍色的哈達優美地、緩緩地落在大智文殊和五方文殊身上。於此殿中，上師帶著弟子們念誦了《願海精髓》等發願文。

上師來到千缽文殊殿前，把香放進高大古老的香爐裡。在經聲佛號中，香煙裊裊升騰而起。殿內供奉明代千缽文殊銅像，五頭六臂，四臂於胸前執持鈴杵，兩臂高捧金缽於頭頂，缽內有佛祖坐像。身後伸出千手托千缽，缽內端坐千佛。所以，這尊銅像又被稱做千臂千缽千釋迦文殊像。

上師於此供養頂禮，以頭輕觸供桌，並和隨行弟子們在殿堂中念誦經文。兩位年齡較長卻精神矍鑠、身著灰色僧衣的出家人過來給上師虔敬頂禮。弟子們則在普賢菩薩像前駐留，普賢菩薩化身老者，騎在白象上，一位師兄說這位老者的眼睛與上師慈悲雙目頗有幾分相像。

顯通寺銅殿和銅塔，是著名的文物。五座銅塔位於銅殿之前，和五台相合，所以又稱五方佛塔。從東到西，第一「成所作智塔」，隱合北台；第二「大圓鏡智塔」，隱合東台；中間「法界體性智塔」，隱合中台；第四「平等性智塔」，隱合南台；第五「妙觀察智塔」，隱合西台。

中間三座爲唐代鑄造，惜毀於戰火，爲一九八九至一九九三年間補鑄。東西兩塔爲妙峰禪師於明萬曆年間鑄造，保存完好，兩塔都有石雕須彌座，座上爲覆缽。八面十三層樓閣式的塔身上精雕細刻各種佛像。塔高約八公尺。

兩塔稍有不同，西塔塔座上多一個小小的土地廟。一九八五年七月十日翻修拆開該塔塔身時，發現塔內藏有一部《大方廣佛華嚴經》。整部經卷洋洋灑灑六十一萬餘字，共八十一本。係明代萬曆年間由三十多人經十六年時間手書而成。此部《華嚴經》在該塔中塵封三百七十多年，裝經的藍色梵篋色澤尤新，「大方廣佛華嚴經」七個金字一如往昔。

一位年輕的出家人恭敬地把上師從千缽文殊殿送出來，他對上師說：「我很早就知道您，讀過您的書。我想跟您學，可不可以帶上我一起走。」上師眼中飽含笑意和溫情，親切地把手搭在他的肩上，安慰他說：「別著急，先在這裡好好學習，以後會有機會。」他們邊走邊聊，一直來到銅塔旁邊。

在五台山最古老、規模最宏大的寺院顯通寺，希阿榮博上師在銅塔前供養哈達

銅塔旁開示懺悔法門

在西塔旁有空地，上師於此就座，為弟子們開示，如是我聞：

「一九八七年的時候，我來到這裡，銅塔顯得很古舊，特別特別漂亮。現在鍍金之後顯得很新的樣子。那時候沒有導遊，我們幾個人圍著銅塔轉繞了很多次。

「我們來一起念誦《普賢行願品》，大家一定要認真一些，這次是來朝聖，而不是旅遊，所以大家應該靜一靜，不要散亂。家裡的事情可以放下就放下，電話能不打就不打。這次機會那麼難得，我感覺很多人心沒有靜下來，念誦的時候心散亂，不散亂也在無明中。

「大家一定要認真發願，機會很難得。發願的時候，希望升官求財就不用特別去求了，如果成就了佛果，也一定會有財富，會有健康，一切也會順利，就像燒火就自然而然會有煙一樣。求到智慧其他一切都會圓滿的。我們應該發願為了利益眾生而成就圓滿的智慧。

「《普賢行願品》中有十個大願，能一個一個這樣發願非常好。如果不會這樣發願，也可以按照《普賢行願品》所說，文殊師利菩薩和普賢菩薩如何發願，我也如是發願；過去、現在、未來諸佛如何發願，我也如是發願。迴向時也是一樣，文殊師利菩薩和普賢菩薩如何為了佛法和眾生迴向，我也如是迴向；過去、現在、未來諸佛如何迴向，我也如是迴向。不是我對

山下的樹蔭裡等候。活佛把自己的墊子讓給他們，雖然語言不通，他們卻能交流。兩位老人深受影響和感動，他們深深地熱愛著活佛。

周圍的人越聚越多。在《普賢行願品》的念誦聲中，一位在這裡已經閉關三年的出家人從上師旁邊的一個側門走了出來，一眼認出了上師。霎時，與上師偶遇的驚喜，毫不掩飾地書寫在他的面容上。在他聽來，隨行弟子們念誦經咒的聲音成了他與上師相遇的伴奏曲，緣起殊勝。他拿出一個自己珍愛的普巴金剛橛供養了上師。上師微笑頷首示意，輕輕拿起這個金剛橛，溫柔地在他頭上敲了一下。

念誦畢，上師來到五座銅塔前獻哈達，往昔的朝聖者們留下不少五彩的哈達，裝點著塔前的欄杆。而上師輕輕揚手，哈達便可以在空中飄飛後輕輕地掛在佛塔身上。

銅塔旁的石階上方，即是銅殿。銅殿爲明代萬曆年間鑄成，高八點三公尺，寬四點七公尺，深四點五公尺。柱額上飾花紋，隔扇欞花，銅門上還裝飾有獅子滾球、丹鳳朝陽、龍魚戲珠、犀牛拜月等圖案，生動好看。殿內供奉一尊銅文殊像，四壁鑄滿佛像約萬尊。據《清涼山志》記載，銅殿是五台山高僧妙峰法師於明朝萬曆年間，集全國十三省供養，用十萬斤銅鑄成。

上師於殿內把白色哈達供養在文殊菩薩像前，又繫在左右兩座小佛塔上。轉過身來，一句一頓地給等候在殿外弟子們傳釋迦牟尼佛心咒：「嗡牟尼牟尼瑪哈牟那耶梭哈」。頂禮、誦經，然後上師和幾位活佛一同走下了通往大雄寶殿的台階。階旁，偶遇三位外國遊客，是一位父親帶著一對雙胞胎女兒。兩個金髮碧眼的小姑娘，才十一歲，眼神清亮，笑容甜美，非常漂亮。上師一點一點地教他們念誦「南無阿彌陀佛」和「嗡阿惹巴匝納德」，他們也一點點跟著學，最後念得像模像樣，還算不錯。於是這三位可愛的異國父女喜笑顏開，雙手合十，用英文說：「謝謝你！謝謝你！」上師離開時，他們一直恭敬目送，並詢問上師的駐地，弟子們於是把菩提洲網站的網址留給了他們。

大雄寶殿是五台山寺廟殿宇中最大的一座。殿內供奉三世佛像：中間釋迦牟尼佛，西阿彌陀佛，東藥師佛；兩旁有十八羅漢像；背後有觀音、文殊、普賢三尊菩薩像。不僅顯通寺僧人早晚在這裡做功課，每逢大的節日，各寺廟的僧尼都要匯集到這裡舉辦佛事活動。

來到這裡，上師和隨行弟子們念誦著文殊心咒，很快就在供桌上面點滿酥油燈。高大恢弘的殿堂裡，三世佛像光芒燦爛、華美莊嚴，上師向諸佛菩薩皆獻上哈達並頂禮。

弟子們用漢文念誦了《普賢行願品》等課誦。此間，有居士供養上師一盒素餅，上師打開來，親自遞到每位弟子手裡，連最後一塊也分完了，只剩下一點點碎末細渣放進自己嘴裡。上師身邊有很多特別好的弟子，他們總是時時念想牽掛著上師，並把自己最好的東西供養給上師，非常隨喜他們。但寂天菩薩在《入行論》裡說過，世間沒有任何情感能夠和一個菩薩給予眾生的愛相比，因爲菩薩的心沒有二元分別的執著，沒有期待，也沒有條件。上師於我們的恩德，無論弟子怎麼做都無法回報的。

在未來佛前的座位上，上師與隨行的僧眾一起留影。幾位在顯通寺出家的年輕人來到上師座前禮敬上師。他們清瘦虔誠的臉上笑容燦爛明媚，很有感染力。與上師素昧平生的他們來到上師身邊，就好像是追隨很久的弟子一樣自然而然，不難看出他們與上師很相應。上師披單的紅色和他們僧衣的灰色放在一起很和諧、很圓融。是爲殊勝吉祥的緣起。

離開前，上師又帶領隨行弟子們念誦了《大圓滿基道果無別發願文》《生生世世攝受願文》等祈禱文。

這座古老的寺廟曾經是華嚴宗最重要的道場。作爲大圓滿傳承上師，在這裡，上師爲弟子們開示傳法，帶著弟子們發願供燈。上師演教的法音一定匯入了清淨剎土的晨鐘暮鼓，並將永遠地留駐於亙古的青山廟宇間，以給無量的眾生帶來更爲廣大的利益。在這裡，上師遇見了各種各樣形形色色的人，無論密宗顯宗、在家出家、國內國外、年少年邁的都有，他們無一例外地懷著對上師強烈的虔敬心、信心、感恩心。上師曾說：「無僞的信心可以超越時空，而成就者的加持原本就無所不在。」祈願大圓滿法廣弘時期，所有的眾生能夠值遇傳承上師和大圓滿法，並對上師和大圓滿法生起無上的信心，祈願所有眾生都能修持大圓滿法而獲得利益，無有漏失。是爲吉祥殊勝的緣起。

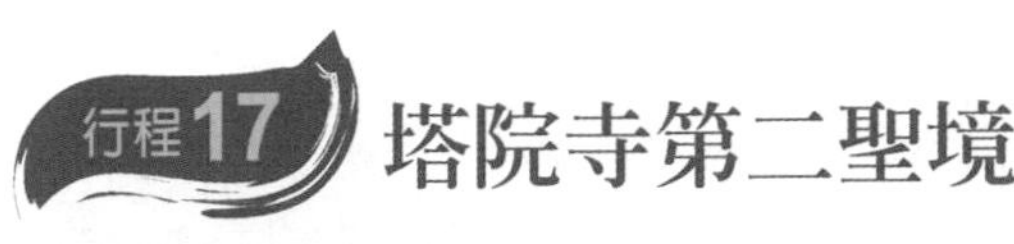

行程17 塔院寺第二聖境

文殊髮塔

塔院寺的第二聖境，在方丈院後一牆之隔處，有裝臟文殊菩薩頭髮的白塔，稱爲文殊髮塔，也叫五台山小白塔，與大白塔形狀相彷，高度六公尺多。

在北魏年間，大孚靈鷲寺每年三月廟會，設「無遮齋大會」，不分僧俗貴賤，男女老幼，凡赴齋者，皆可飽食一餐。有貧女懷抱嬰兒，攜孩子與狗，來此赴齋。眾香客以金銀供養三寶，她卻剪髮幾綹置於供桌之上。知客僧給她兩份飯，她說：「我們有三人。」知客僧又予一份。她又說：「我還有一條狗。」知客僧猶豫後又予一份。她又說：「我腹內有子。」知客僧怨道：「子在腹內還未出生，你眞是貪食無厭！」貧女被呵斥後即說偈曰：「苦瓜連根苦，甜瓜徹地甜，是吾超三界，致使阿師嫌。」吟罷騰空，化爲文殊菩薩，嬰兒和孩子變成童子，狗兒變成綠毛獅子。在雲光縹緲處，文殊菩薩又吟偈：「眾生學平等，心隨萬境波。百骸俱捨盡，其如憎愛何？」

塔院寺，希阿榮博上師帶領弟子們一邊念誦百字明一邊轉繞文殊髮塔

《清涼山志》記載：「齋主自恨不識眞聖，取刀欲剜其目，眾遮乃止。即以貧女所施之髮建塔。」又載：「在塔東側，昔文殊化爲貧女，遺髮藏此，萬曆年間，方廣道人重修見髮若金，隨人視之不一。」據《清涼山志》，重修此塔時，方廣道人看到金色頭髮，而不同的人因爲不同的業力而看到不同的頭髮。

上師於此開示：「文殊菩薩什麼形式都會有，在這裡曾經以貧女的形式，觀清淨心很重要。本來觀清淨心就重要，到了淨土觀清淨心就更加重要。我們自己的因緣和業障的原因，在沒有得到清淨之前，很難見到眞正的文殊菩薩。以前我們身口意造作了很多惡業，在這裡我們念一下百字明的傳承。」大家跟著上師一句一句地念誦了百字明。

隨後上師帶著隨行弟子一邊轉繞佛塔，一邊念誦著百字明。此間，上師向文殊髮塔頂禮並在旁邊點燃一盞又一盞油燈，橙色光芒微微搖曳，爲有緣眾生帶去光明和智慧。大白塔旁升起了祥雲，在斜陽的照射下，宛如騰飛的龍。

這裡的幾位出家人不知從何時開始，一直寸步不離地跟隨著上師。離開的時候他們依依不捨，執意堅持著把上師送到車上。路過塔院寺山門時，上師看到旁邊有不少面容柔和而肅穆的覺姆，每個覺姆前面都放著一塊長型的木板。她們是特意來到五台山，對著大白塔圓滿大禮拜的功課的。上師慈悲地從懷裡拿出錢，走到她們面前，微笑著把錢一一分發到她們手裡。

直到上師上了車，幾位出家人仍然圍繞著他不肯散去。那位曾經在這裡閉關三年，今天在古塔旁偶遇上師的出家人在上師的車窗前久久不肯離去，他說：「上師，我和您的緣分還是眞的很好，您一定要加持我成就。」上師摸了一下他的頭，親切而堅定地說：「你一定要努力，有信心就好了，一定會成就。」圖滇喇嘛拿來一些書和雜誌，有《寂靜之道》、《次第花開》、《佛子心語》以及《聖地寫眞》。上師將書分別贈送給了幾位出家人。他們接過書放在自己頭上，開心地說：「阿彌陀佛，上師加持！」

念誦度母心咒發願

佛母洞

一路走來，朝聖的行程安排頗爲緊湊，從塔院寺出來，上師便帶著我們直奔南台。其間出現了一個小小的插曲。當車隊行駛到南台山腳下時，才發現這條唯一可供車行的道路被當地村民用一個擋車桿攔住了，而且落鎖於旁邊的水泥立柱之上。但是很快我們就聯繫上當地村子裡的人，他們雖然沒有找到鑰匙，卻帶來工具把大鎖打開了。

山路陡峭，轉彎很急，路面又多坑窪，泥土中還藏著大大小小的石頭，很難想像如不是四輪驅動的、馬力大的車子怎麼可能開上去。而且車道狹窄，沒有會車的餘地，只要有一輛車上不去，就會擋住後面所有的車。隨行的車中有好幾輛排氣量都很小，讓人有些擔心。但是最後所有的車都順利開到了佛母洞門口，無有漏失。這是非常吉祥的緣起，祈願上師帶領我們，在修行的路上，遣除違緣與障礙，圓滿成就諸善妙。

南台錦繡峰，細草雜花鋪錦著彩。其東南支脈一座如屏風般鋪展的山崖岩壁間，有座天然形成的石洞。因洞建寺，佛母洞既是洞名，又是寺名。據《清涼山志》載：「嘉靖末，道方者，夜遊至此，見神燈萬點，既出旋入。方隨入，見玉佛像，森列其中，穹窿深迴，進里許，飄然聞波濤，悚怖不能出。念觀音名，願造像，忽見一燈，尋光得出，乃造石佛於洞口。」其後在洞外建寺。至今已近五百年，佛母洞現存四尊明代石雕佛像。

五台山作為文殊菩薩的應化道場，大至山河天地，小至幽花微草，都是文殊菩薩願力所持，隨眾生心，應所知量，隨緣而顯現。佛母洞即為文殊師利菩薩隨緣教化顯應之處。

佛母洞分內外兩洞，外洞大而明，內洞小而幽，中間有一個扁圓形孔穴令二者相通。內洞顯現為人體母腹，可以容納五至七人。洞壁上山岩經水溶化，產生成暗紅色、褐色或白色的乳石及石筍，其形如人體之心、肝、肺等，惟妙惟肖，格外神奇。洞形又呈葫蘆狀，右側有白色脊椎骨、肋骨形狀的乳石，洞口恰好處於類似於右肋的部位。這一點與佛祖誕生的故事很相應。釋迦牟尼佛的母親摩耶夫人是夢菩薩乘白象從右脅下入而懷孕，後於藍毗尼花園，從她的右脅，生下太子悉達多。

佛母洞住持來到殿前熱情地歡迎上師，他向大家介紹了佛母洞，並說：「我讀過法王如意寶的傳記，看過他的介紹。今天有上師帶領你們來到這裡，是殊勝的善緣。漢傳佛教認為佛母洞是文殊菩薩的化現，藏傳認為是綠度母的化現。進洞的時候，大家要保持清淨的心。今天緣起殊勝，平時進洞需要排隊等候三、四個小時。現在幾乎沒人，可以直接進洞。感謝你們的上師的福德和加持。阿彌陀佛。」

上師開示：「住持已經給你們介紹了，漢傳佛教認爲佛母洞是文殊菩薩的化現，藏傳認爲是綠度母的化現。究竟上綠度母和文殊菩薩沒有分別，綠度母也是文殊菩薩，文殊菩薩也是綠度母。究竟上，所有的諸佛菩薩一體的，完全沒有分別。只是諸佛菩薩利益眾生的方法不一樣，因此佛祖有八萬四千法門，諸佛菩薩也以各種形象顯現，人的形象、動物的形象，這樣山洞的形象。進去以後，清淨無始劫以來的業障，更加報答今生父母，乃至無始劫以來的父母是最好的了。大家可以念誦度母心咒：嗡達瑞杜達瑞杜瑞梭哈。進去的時候，心清淨是最重要了。大家要發願，希望所有的眾生脫離痛苦，清淨業障，往生到極樂世界。一邊在心裡發願，一邊念誦心咒。」

洞口雖小，上師和隨行僧眾們卻都毫不費力地進入了佛母洞並於洞中念誦度母心咒和《二十一度母祈禱文》的偈頌，其大意是祈禱度母，以消除眾生的恐懼和痛苦。幽暗的內洞中有一盞燈微微泛著紅光，在它的照明中，不難發現這裡確實像極了人體的腹腔。上師不斷念誦著度母心咒，很輕鬆地就從洞口出來了，竇滇活佛在下面接住了他。看到在洞口等候的兩位年過古稀的師兄，上師即關切地詢問他們的身體狀況，並鼓勵他們要好好念誦阿彌陀佛心咒。兩位老人的女兒站在一旁，默默看著這樣的場景，眼睛早已濕潤，淚光中她看著上師離去的背影，輕輕地說：「感恩師父。」

等候弟子們陸陸續續從洞中出來的同時，上師和僧眾們坐在殿前開闊明亮的空地上，一起念誦了很多發願文和祈禱文。此間，上師把《次第花開》、《寂靜之道》等書籍贈送佛母洞的住持，而住持則以佛母洞的介紹和一袋五台山的金剛砂來供養上師。

遠天落日餘暉鋪開，在自然的盛景中，我們圓滿了一天的行程。

第六天

藏曆水龍年五月十八日

陽曆二〇一二年七月六日

觀世音菩薩節日

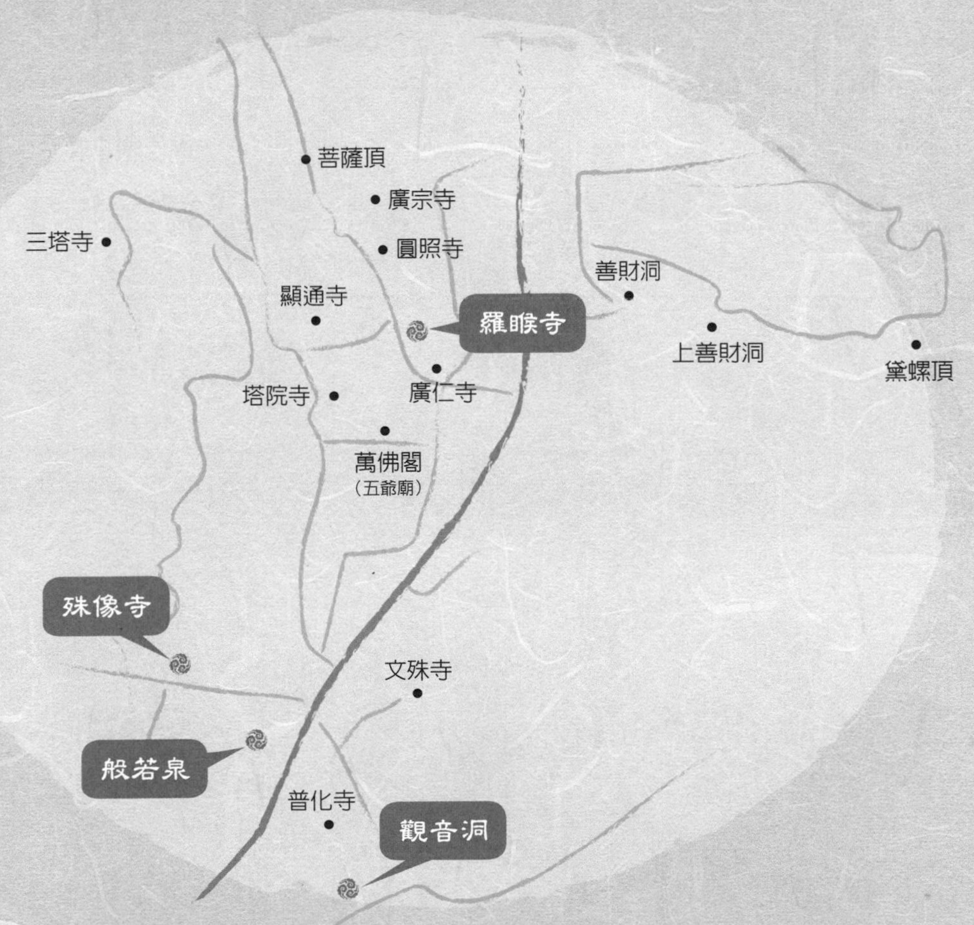

追隨希阿榮博上師朝禮五台山期間，一名弟子用手機拍下的照片

旅遊小資訊

殊像寺

殊像寺創建於元代，與顯通寺、塔院寺、菩薩頂、羅睺寺並稱五大禪處，又為青廟十大寺之一。因往昔皇帝和太后常駕臨此寺，故佈局較為考究，園林氣息濃厚。殊像寺文殊殿主供的文殊菩薩，是五台山最大的文殊菩薩塑像。

般若泉

五台山的般若泉，在普化寺西北，殊像寺背後東北，泉水清澈味美，日夜湧流不息。「般若」一詞為梵語的譯音，意為智慧。在歷史上，般若泉被佛家尊為「聖水」，曾為貢品。據說，清康熙皇帝巡臨五台山，非般若泉不飲。

羅睺寺大藏經閣

羅睺寺位於五台山台懷鎮顯通寺和十方堂之間，始建於唐代。寺中的大藏經閣，以一樓大殿的「開花見佛」景觀和二樓供奉的羅睺羅尊者真身像而聞名，後者為木刻佛像，塑於兩宋年間，精美絕倫，是該寺的鎮寺之寶。

觀音洞

觀音寺位於台懷鎮南三公里棲賢谷口岸畔，始建於明代，清代重建。因岩石洞中塑有觀音像，所以得名。觀音洞地勢十分陡峭，從山麓沿石階而上，中間有一座觀音亭，石階的盡頭是一座觀音殿。觀音殿後有一個小小的石洞，即是觀音洞。

殊像寺

般若泉

羅睺寺大藏經閣

觀音洞

行程19 蕎麵頭像文殊菩薩

殊像寺

朝聖的最後一天。行程安排中本沒有殊像寺，清晨上師本應是直接去羅睺寺灌頂。但在去往羅睺寺的路上，上師心裡卻有些許遺憾。一九八七年和二〇〇三年他在五台山禮拜過一尊加持力極大的文殊菩薩像，上師還記得當時見到菩薩像時，周身毛孔彷佛全部打開，一時內外通透，能所俱泯，心裡沒有任何念頭，世界安靜極了。因此，這尊文殊菩薩像給上師留下了極爲深刻的印象。此次朝聖中，上師心中常惦念，想要再次朝禮這尊文殊像，但一方面上師不知「殊像寺」之漢名，另一方面隨行弟子眾多，日程不便多改，一切隨緣，故沒有刻意安排。

這時，上師派去羅睺寺的弟子打來電話，羅睺寺大殿裡法座等在佈置之中，尚未就緒，希望上師晚到一會兒。時值一行人正好走到殊像寺附近，於是就近到寺中朝拜，未曾料想，在此處竟見到了這尊令上師念念不忘的文殊菩薩像。吉祥殊勝的緣起，不可思議。用上師的話說：「這次朝聖突然圓滿了。」

殊像寺始建於東晉初年，歷史上曾幾度重建，最後一次是在萬曆年間，寺內有重修碑記。殊像寺的文殊殿，是整個寺院的主體。殿高出地面一公尺，殿宇恢弘壯觀，是五台山規模最大的文殊殿堂。大殿曾於一九八二年落架維修，經實際檢測，木架由一萬三千七百件大小部件組成，大的重達幾噸，小的僅有一斤，可謂宏大而又精緻。該殿重建於明代弘治二年，最早建於何時雖無記載，根據傳說亦可推至唐代。大殿中高懸兩幅大匾「瑞相天然」、「大圓鏡智」，是大清兩位皇帝朝台時在殊像寺的御製匾額。

佛台上，供奉文殊騎狻猊的巨像，也就是二十五年來讓上師不能忘懷的文殊菩薩像。像總高九點八七公尺，其中狻猊高三點零五公尺。狻猊四蹄蹬地，穩健而有力，昂首豎耳，雙目圓睜，藍色腰身和腿部上有白色斑點，頸上有深綠色鬃毛，腰間掛鮮紅色穗纓。狻猊背上置蓮花寶座，花瓣分上下兩層，共一百零八瓣，每瓣塑一尊小佛，精雅非常。文殊菩薩右腿曲盤，左腳垂踏蓮

殊像寺的主尊文殊菩薩像局部。殊像寺的文殊殿，是五台山規模最大的文殊殿堂

因為偶然的機緣來到殊像寺，上師無意間見到了這尊25年來念念不忘的文殊菩薩像

花，半跏趺端坐其上。文殊菩薩像光華儼然，通體貼金，頭戴五佛冠，身披袈裟，手執如意，眼若青蓮，雙耳修長，面頰豐滿，神態莊嚴寧靜。

走進大殿，上師看上去非常歡喜，他開示說：「這次朝聖突然圓滿了，所有重點的地方都去了。當年塑此佛像，頭部怎麼也達不到理想的樣子，這時文殊菩薩於天空顯現眞容，匠人急中生智，拿出廚房和好的蕎麵，照著菩薩顯現的樣子捏起來。剛捏好，文殊菩薩的眞容便隱去。接著用泥仿塑，卻總是不滿意。因皇帝馬上要來朝拜，時間很緊，便把蕎麵頭安在塑像上，並貼了金。皇帝走後，蕎麵做的菩薩頭怎麼也取不下來。於是延續至今。這尊像也有了蕎麵頭像文殊菩薩的稱謂。這是文殊菩薩的殊勝顯現，此像與文殊菩薩無有任何區別。」

確實，立於這尊菩薩像前，能明顯感覺到文殊菩薩的攝持力。

一九八七年法王曾經蒞臨殊像寺，當時法王如意寶登上佛台，端坐在獅子的肚子下面，在那裡念誦了《文殊禮讚文》和《大自在祈禱文》。

於此殊勝地，上師帶領隨行弟子們念誦《文殊禮讚文》和心咒，同時頂禮、上香並在供桌前點滿了盞盞油燈。然後上師端坐於像前，帶領弟子們長時間地念誦《普賢行願品》等發願文和祈禱文。

上師記憶中的般若泉

般若泉位於殊像寺旁不遠處。一九八七年上師曾和他的幾位師兄一起來過這裡。那時候上師痛飲甘泉，並率性掬起泉水酣暢地澆在自己的頭頂。頓時，自上而下所有衣衫都被浸濕了，感覺非常清涼舒暢。因此，般若泉一直留在上師美好的記憶中。

二〇〇三年上師蒞臨殊像寺時，記起了般若泉，於是帶著弟子們從殊像寺來到這裡。般若泉，源自唐朝，有一慧濬法師，睹五台僧俗飲水困難，於此地誦《金剛經》二十餘年，終感地湧甘霖。而法師亦於當日圓寂。般若泉水，水質甘甜，千年當中，寒暑不絕。看到如此清澈又極具加持力量的泉水，渴望早日開啓智慧的弟子們不顧天氣寒冷，裝滿所有隨身的容器。上師在泉邊以水澆頭，弟子們也馬上隨學，般若泉邊頓時熱鬧起來。

由於時間關係，上師一行此次朝聖未及再去探訪般若泉，大家從殊像寺出來後就直接來到了羅睺寺。

子們打招呼，親切又歡喜。在念誦《八吉祥》、《七支供》、《大自在祈禱文》、《請法偈》等課誦後，上師慈悲授予文殊身語意灌頂。

灌頂前，上師就此次灌頂的五個殊勝圓滿進行了開示。這五個殊勝，按照上師開示的順序，分別是：法殊勝、上師殊勝、地點殊勝、時間殊勝和眷屬殊勝。

「這個灌頂是當年法王去多康時，貝瑪策旺法王祈請下，法王如意寶掘取的意伏藏——文殊身語意灌頂。大家應該知道，祈請的人貝瑪策旺法王是寧瑪巴後弘時期最偉大的上師之一。此前這個灌頂我只傳授過三次。第一次是札熙寺成立佛學院的時候。第二次是在阿木拉，因當地決定定期舉辦文殊法會，我給他們傳授了這個灌頂。第三次是前幾天在東台。

「灌頂的上師和其他上師不一樣，對灌頂的上師要求很嚴。至少需要三個條件：一是證悟空性；二是現量見到本尊，親近過本尊；三是圓滿念誦一億遍本尊心咒。這三個條件我都不具足，但是因爲開文殊法會必須要有灌頂才可以，所以我曾經請示法王我是否可以傳授這個灌頂，或者將來其他的一些簡單的灌頂。法王他老人家不僅開許我可以傳授這個灌頂，而且說，今後你可以傳授我已經教給你的一切顯密教法的灌頂。我雖然沒有其他功德，卻有法王的開許，這是我能夠灌頂的把握。此後我也去過很多地方傳授過灌頂。

「《寂靜之道》裡有比較詳細的五條密乘根本戒的內容，大家盡快去瞭解並嚴格受持非常重要。如果密乘戒律清淨，眞正修持的話今生成佛，中等的話臨終成佛，最差下輩子再遇到大圓滿法，也一定能夠成就佛果。

「我們這次灌頂的地點是眞正的人間淨土，不僅如此，這裡是羅睺寺，上面就有羅睺羅尊者化身的眞身像。羅睺寺也是因此像得名。史料記載很多高僧曾經在這裡看到羅睺羅尊者的顯現。大殿前面有一個靈塔，原來這裡是一棵老松樹，松樹上經常可以看到文殊菩薩的顯現，看到很多神燈和彩虹，所以在這裡建塔。總之，這裡確實是特別殊勝的地方。一般來講，羅睺羅尊者和釋迦牟尼佛只是在顯現上不一樣，羅睺羅顯現上是羅漢，釋迦牟尼佛出家苦行六年後成道，於成道之日，羅睺羅出生。顯現上是這樣。其實羅睺羅和釋迦牟尼佛沒有區別。

「以前不知道這裡供奉了一尊羅睺羅尊者化身的眞身像，歷史上很多印度的高僧來此朝拜都和這尊眞身像有關。由於我們這次朝聖的緣起，將來一定會有很多人知道這尊像，來這裡朝拜，這樣一定能夠利益很多眾生。這個大殿中有「開花現佛」的大蓮花和佛像，我的第一本開示集是《次第花開》，沒想到這本書利益了這麼多的眾生。次第花開、花開見佛，一定是有因緣才有這樣的巧合。所以不僅灌頂地點非常殊勝，而且此地和我們有著特殊的因緣。

「今天是藏曆十八號，時間殊勝，觀音菩薩利益眾生的日子。

「此外，大家的金剛兄弟中一定會有很多菩薩，在座有達瓦嘉措活佛和扎智活佛，他們兩位都是不可思議的活佛，在藏地影響很大。因緣聚合，今天也有很多在五明佛學院學習很長時間的來自藏地、漢地的出家人來到這裡，非常殊勝。

「這次朝聖確實特別圓滿，出現不可思議的瑞相，有的人在五台山住了很多年可能都沒有見到過。有很多彩虹、圓光以及獅子祥雲等都是文殊菩薩的化現。前幾天的天氣預報都說降雨機率非常高，但後來卻天氣很好，使我們的朝聖很順利，這一定是文殊菩薩的加持。這次隨行的弟子很清淨，所以才出現這些瑞相。這次是這樣，今後大家也要朝著這個方向努力。

「這次我沒有通知大家，你們卻出現在這裡，不知道你們有什麼秘密管道，但這一定是信心和因緣的結果，大家將來一定要好好修行。」

在上師灌頂的時候，一位居士用手機拍攝了照片，在照片上，上師和釋迦牟尼佛像被完整地環繞在一個圓融無礙的紫色光環中。紫色光環的周圍還依稀可見其他光環。

第二張照片是另外一位居士在灌頂過程中，用自己的照相機拍攝。照片中，有身披黃衣者，面對上師法座，排列成行，或站或坐，重重疊疊，充滿整個大殿。透過他們半透明的身體，可以看見端坐於法座之上的上師，威儀莊嚴。上師身影略顯模糊，但根據經架和法座後懸掛的黃布位置，仍然能清晰地辨認出上師。佛陀轉法輪時，聲聞、菩薩、人與非人、天龍八部、阿修羅等都會來聽佛講法。今天在上師灌頂的現場，我等愚笨弟子雖然無法現量見到，但相信諸佛菩薩、十法界有情應是遍滿虛空。

第三張照片爲同一居士所拍，攝於第二張照片之後。照片上，上師的身影宛如金光幻影，已經很難辨認，但是法座卻很清晰。熟悉上師的弟子皆知，上師所在之處經常出現彩虹。是爲殊勝吉祥的緣起。

幾張不可思議的照片，令座下所有弟子驚歎，大家爭相傳閱的同時，排隊等待著上師的加持。新來的弟子到二樓禮拜了羅睺羅化身眞身像，隨後大家於殿前圍繞著上師留下了珍貴合影。

羅睺寺灌頂的過程中，一位居士用手機拍下的吉祥瞬間

行程21 開示法王如意寶與觀音洞的因緣

觀音洞

觀音洞位於貢布山腰，棲賢谷口，右側是懸崖峭壁，左側為貢布山林海，中有小河流淌，清澈見底，環境清淨幽雅。深山古刹，點綴其間。觀音洞既是洞名，又是寺名，海拔一千七百公尺，寺分上下院。上院建在半山腰的陡壁懸崖，下院建於山腳河畔平地。相傳此地是觀音菩薩修練之地，因以爲名。自古以來，有很多觀世音菩薩的化身來到這裡朝聖。

藏曆水龍年五月十八日，正值觀音菩薩的節日，陽曆二〇一二年七月六日，上師一行來到這裡，首先在下院的大殿裡做空行薈供。

此次朝聖中，上師帶領僧眾共做了三次薈供：在那羅延窟的文殊薈供、善財洞的蓮師薈供和在觀音洞的耶謝措嘉空行薈供，圓滿了三根本薈供。一般意義上講，上師是加持的根本，本尊是悉地的根本，空行是事業的根本。而究竟上，上師就是三根本總集。

上師之身是上師，一切諸佛顯現上師的形相度化眾生。上師之

觀音洞大殿，恰逢觀音菩薩的節日，希阿榮博上師帶領弟子們做空行薈供

語爲本尊，因爲上師所說金剛語，如果能依教奉行，必可獲得成就。這如同修持文殊菩薩本尊而得成就一樣。上師之意是空行，凡是證悟大悲、空性的聖者佛母，均稱之爲空行。上師始終安住於大悲、空性的境界中，故上師之密意就是空行。所以上師是三寶總集，也是一切加持、悉地和事業的根本。

上師從殿堂出來，來到山腳，步步登高，左折右拐，迤邐而行。途經一座六角亭，名觀音亭，建在一塊外側突出的巨大岩石上，顯得玲瓏可愛。上師和隨行僧眾於此稍做停留，歇息了片刻。亭中不時傳出上師的笑聲，迴響在山石間。繫在亭柱上的五色經幡在風中迎風而舞，山崖裡綠樹蔥鬱，遠望如煙如雲如海，一切如此寧靜而美好。

三百九十八級石階盡處，一座精緻小巧的觀音殿坐落在山坳中。上師繞過觀音殿，首先來到後面的觀音洞口，於此獻上哈達。

觀音殿後有天然石洞兩個，東洞既小又低，僅容一人跏趺而坐，現在洞內供奉佛像。西洞寬約一點二公尺，高二點一公尺，深約三公尺，壁塑觀音像。洞頂潮濕，細密滴漏，洞底積水為池，名觀音泉，池水甘甜澄澈，終年不溢不涸。上師至此飲下甘泉，並以清冽的泉水洗臉澆頭。

隨後上師在觀音洞口坐下，隨行僧眾們圍繞著他。他們一起在這裡長時間地念誦經文，包括《普賢行願品》、《願海精髓》等等。弟子們則排著隊，一一過來暢飲甘泉並在觀音洞前禮拜。後來得知，就在上師坐的地方，法王上師也曾在那裡給僧眾傳法。

由於和觀音洞殊勝的因緣，法王如意寶很重視這個地方，一九八七年曾兩次到觀音洞朝拜，在這裡帶領僧眾們一起塑了蓮師像。其中一次法王於洞中打坐，並在洞中留下一張珍貴法照。關於法王如意寶和觀音洞的因緣，上師開示說：

「一九〇七年十三世達賴喇嘛從塔爾寺起程，來到五台山觀音洞朝聖，就在這個小小的佛殿中靜坐。十三世達賴喇嘛曾經迎請法王如意寶的前世——伏藏大師列饒林巴去布達拉宮給他傳授灌頂和竅訣。傳授圓滿後，列繞林巴大師即將返回康區。十三世達賴喇嘛給他供養曼達時說：『您可以在布達拉宮的眾多經堂中選一個，把這個經堂裡的佛像迎請回康區。』於是，列繞林巴大師僅僅根據經堂的命名就挑選了一個，由於殊勝緣起，所選經堂中供奉的正好是格日欽沃伏藏大師掘取的二十五尊『如我一般』的蓮師像。十三世達賴喇嘛說：『爲了佛法和眾生，這二十五尊伏藏的蓮師像不能全部都迎請到康區，您可以迎請其中的一尊，請另外再選一個經堂吧。』就這樣，有一尊『如我一般』的蓮師像和布達拉宮一個經堂裡的所有佛像和法寶就隨列繞林巴大師回到了康區。在列繞林巴大師自己掘取的伏藏品中，也有一尊『如我一般』的蓮師像，一九八七年法王上師把這尊伏藏佛像安放在菩薩頂眞容院祖師殿中的大蓮師像的胸前，並親自開光。小佛像和大佛像融合在一起，就是這尊爲大家所熟悉的，極其殊勝、眞正具有『見解脱』加持力的佛像。

「觀音洞和我們的因緣殊勝，大家在這裡好好祈禱。」

待所有的弟子都走過泉水和洞口後，上師才離開觀音洞，繞到前面的觀音殿。殿建三間，簷出翹揚，殿內供觀音菩薩，八臂十一面，通身鎏金，面部著白、紅、綠、藍等色，姿態優美莊嚴；觀音像東側供奉著長壽佛、普賢菩薩、地藏菩薩；西邊供奉著彌勒佛、文殊菩薩、宗喀巴大師和六世達賴喇嘛。相傳六世達賴喇嘛曾經在這裡修行。

上師禮敬諸佛菩薩後來到觀音殿前。面對貢布山茂密的林海，向下俯視，高崖絕壁，蒼岩深澗。上師於此向大家揮手致意，弟子們心裡都知道朝聖就此圓滿，上師即將離開。在這一刻不少弟子忍不住哭了。大家唱起上師住世祈禱文，目送上師走下石階。

彷佛知道很多弟子還在山上沒有下來，上師在下院稍做停留。站在下院仰望觀音洞，則如一幅山水長軸，畫面以崖壁爲背景，古松、亭殿點綴其間，石階盤旋，紅牆彎繞，白雲飄忽，綠樹搖曳。觀音大殿之飛簷遠望如羽翼，似從天外飛來的彩鳳落於岩間。

弟子們陸續到齊之後，上師即上了車，坐在車裡和弟子們揮手告別。很多弟子哭得很傷心，也有幾位弟子很堅強，他們說，相信很快就會再見到上師。

誠然，這並不是結束，而是新的開始。我們永遠都不會和上師說再見。我們發願要不斷地和上師相見，在他的加持和教導下，圓滿如海一般的菩薩行願。誠如我們每天的課誦，「總之從今乃至世世中，與您依怙聖者不分離，既獲菩提又成種姓主，祈願滅盡六道輪迴城。」祈願我們時時刻刻能夠知道，其實一切都是上師的化現，上師從未遠離。

觀音殿前，希阿榮博上師向大家揮手致意，此次五台山朝聖就此圓滿

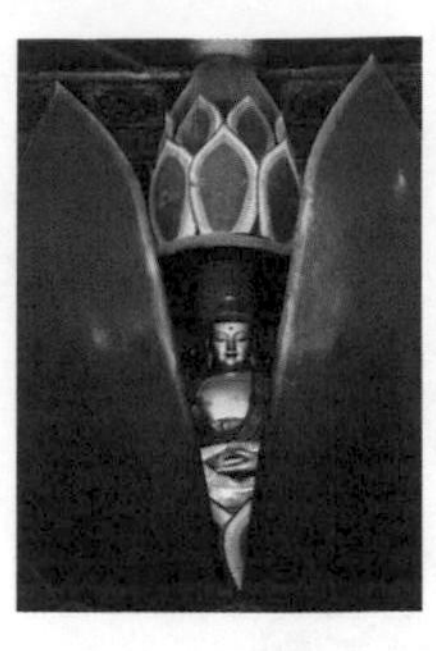

【結語】
五種殊勝圓滿

二〇一二年七月一日至七月六日，大恩上師希阿榮博堪布朝禮五台山。此次朝聖極其殊勝，具足五種圓滿，即導師圓滿、地點圓滿、時間圓滿、眷屬圓滿和法圓滿。

導師圓滿

希阿榮博堪布，一九六三年生於四川德格，是當今藏傳佛教寧瑪派最偉大的上師法王如意寶晉美彭措仁波切的不共心子，也是法王最具影響力的弟子之一。

希阿榮博尊者自幼便具足眞正的出離心和對三寶無僞的信心。當他聽到法王如意寶晉美彭措的尊名時，生生世世的信心和殊勝深厚的師徒之情在年輕的尊者心中覺醒。貝瑪策旺仁波切授記道：「你依止堪布晉美彭措仁波切的緣分最爲殊勝，非一般人所及，若能前往依止，必定產生極大功德，利益無窮。」

一九八四年，尊者二十一歲，在貝瑪策旺堪布的推薦下，他來到色達喇榮五明佛學院依止法王如意寶。年輕的希阿榮博尊者在上師法王如意寶座前聽受了各種顯密經續論典，尤其是前譯自宗的外、內、密、極密等無上法部。印藏諸大智者與成就者爲詮釋佛經密意而著述的五部大論，在藏地是系統全面學習佛法的必修論典。尊者對五部大論的頌詞、注釋、總義、辨析等都進行了認眞聞思。在密法方面，主要是《大幻化網秘密藏續》等前譯根本續及其注疏、總義，絨松班智達著《入大乘論》、《證成現象即佛論》及其他廣大開顯三部九界密意的論著，龍欽巴尊者著《大幻化網三除暗》、《大圓滿三休息》、《四寧體》、《龍欽七寶藏》等，米滂仁波切所著具足上述續部、注疏、論部所有密意和關要的《光明藏論》以及大圓滿總集法部，薈萃竅訣修持精要的法王如意寶大圓滿法部等等。這些都是極密意傳竅訣之珍寶教言，皆爲能即身成佛的極密法要，由圓滿受持三種傳承的大恩根本上師法王如意寶嫡傳給希阿榮博尊者。

在實修方面，對法王如意寶親傳的《上師寧體》、《傑尊大圓滿》、《大圓勝慧》、《深法密意自解脫——六中陰廣修引導法》以及深道大圓滿即身成佛竅訣《文殊靜修大圓滿——手中賜佛》等竅訣寧體，特別是法王如意寶通徹密意毫無保留的獨傳——由托噶如意寶處一脈相承的極密瑰寶《空行寧體開顯深道》等，希阿榮博尊者都以恭敬、精進之心，按照法本如量進行了實修。法王傳法與實修交替進行。每講完一段大圓滿引導文，弟子們都會按所授之法做三至七天的實修，爾後法王再講下一引導。

就這樣，上師相續密意中所有加持融入希阿榮博尊者的相續中。他現量見到情器世界諸法空相，以此觀照智慧斷除了對三有輪迴的執著。以大悲心攝受引導有緣眾生心向解脫。一切顯現無有破立取捨，他直斷二取分別所生的輪涅諸分別識聚，現前證得宛若虛空般的法性密意，並圓滿證得托噶四相境界。修行之險隘解脫，一切妙力圓滿，於法身佛地獲大自在，現前所有二利功德，隨意顯現慧眼與神通等道相功德。

希阿榮博尊者的內證功德得到晉美彭措法王的認可，在法王如意寶所造的《大幻化網灌頂儀軌——近傳加持》一文的後記中，曾如是說道：「於如海般的教證、理證及竅訣法具有廣博智慧者——希阿榮博堪布……。」法王如意寶在傳講《法界寶藏論引導》時，堪布同時爲五明佛學院所有僧眾進行輔導，法王當時對堪布輔教的功德甚爲欣賞。堪布已證悟光明大圓滿，能安住在甚深法性覺性境界中。

此外，法王還將諸多新舊派密續，以及《傑尊大圓滿七引導》等全知絨龍二尊經、幻、心三部等竅訣法要的灌頂、傳承與講解，對希阿榮博尊者如甘露注入寶瓶般傾囊相授。希阿榮博尊者以四種智慧了知所有深廣教理，依靠四依法不相違，將論中所述的所有道相圓滿的甚深密意全部如量證悟。

除在法王如意寶座前聽聞佛法外，希阿榮博尊者還在大成就者多傑奇雄上師處獲得了此生第一個灌頂；在策旺晉美堪布處領受了包括《法界寶藏論》在內的諸多大圓滿法；在哥寧活佛處獲得了《六中陰》的灌頂和引導；在根容堪布處聽聞了《普賢上師言教》、《入行論》等；在特諾堪布處學習了《如意寶藏論》、因明；在貝瑪策旺仁波切處學習了《現觀莊嚴論》等；在門措上師前聽授了《阿底深法》的竅訣與引導所詮釋的如海深廣教理，使自相續獲得清淨；在帝查活佛與德巴堪布前領受了《總經集密意續》的灌頂與傳承；在德欽活佛與阿江喇嘛前領受了《列繞林巴大師伏藏全集》的灌頂與傳承；在阿曲喇嘛嘎曲處領受了《大圓滿普賢密意通徹》的灌頂與傳承以及《大圓滿十七大續部》的傳承；在努瑟堪布晉旺前聽聞了《巴楚仁波切全集》的傳承；在喇嘛沃洛前領受了三大護法灌頂與傳承；在喇嘛阿秋仁波切、牟桑貝瑪根卓活佛、策讓尼瑪堪布、然噶仁波切、索曲堪布、慈誠嘉參堪布、旺迪堪布、華覺江措活佛、格巴堪布、格多堪布、曲貝堪布及其他至今仍常住五明佛學院的諸多智者與成就者前聞受了大小乘浩瀚經典以及新舊派教藏續部的傳承，所有句義密意均無餘證悟，獲得生圓二次第瑜珈究竟，內在密意百結解脫。此外，他修誦浩瀚殊勝本尊廣、中、略儀軌，圓滿獲取四大事業之悉地，現前內、外、密的種種成就瑞相。

法王如意寶與妹妹阿里美珠空行母、外甥女門措空行母曾在轉繞學院時，順路來到希阿榮博尊者簡陋的小屋。看見他正在刻苦研讀經書，法王如意寶非常歡喜。他隨手拿起希阿榮博尊者桌

藏者希阿榮博授予堪布學位，頒發堪布證書，具有五種圓滿的標誌。藏曆鐵馬年（一九九〇年）十一月初一，願增善妙！」

從一九九一年開始，希阿榮博堪布在講法的同時，還負責起佛學院的財務管理。大至修建經堂、舉辦法會等各項資金的調配，小至收繳水電費、常住日常用度等瑣碎的雜務，堪布都須操心。

一九九二年（藏曆水猴年），希阿榮博堪布與其他幾位堪布、活佛一起，開始全面協助法王如意寶管理五明佛學院。他們事無巨細、盡心竭力地操持著學院內外各項事務，爲法王及僧眾排憂解難，對佛學院的發展做了不可思議的護持。二〇〇二年（藏曆水馬年）尊勝諸方喜筵日，萬餘僧眾的集會上，法王如意寶爲包括希阿榮博堪布在內的七位上首心子撐起如意寶傘蓋，並賜予他們長壽佛金像。這是法王如意寶對七位心子協助管理學院所取得成績的肯定，也預示他們日後將爲寧瑪巴教法的弘揚做出不可思議的貢獻。

由於末法時期眾生分別念、煩惱心熾盛，法王如意寶一般情況下不認定活佛，也不當眾特別褒貶某位弟子。然而他指定四位紹聖者（一九八六年）和授記七位心子弘法事業（二〇〇二年）的舉動卻一反他的做事風格、密意深廣。我們如今現量所見幾位心子功德不可思議、佛行事業廣大，正是印證了法王當年的密意。

此後的二十餘年間，希阿榮博堪布不辭辛勞地奔赴海內外各地弘揚佛法，發起、組織規模宏大的放生和其他各類共修活動，以正式授課、現場開示、著書立說等多種形式接引、指導弟子們聞思修持佛法，深受海內外佛子的尊敬與喜愛。

一九九五年，希阿榮博堪布在德格玉隆闊建立扎西持林閉關中心，爲藏族僧侶開設系統完整的佛教課程，並爲在家眾提供各種修行的便利條件。後又在該地修建起養老院、醫院等設施，並撫養爲數眾多的貧困孩子，資助無力看病者治療疾病、經濟困難者改善生活。

如今這位具德金剛上師早已成爲世間希求解脫者之珍寶，其事業無勤廣大，弟子遍佈世界各地。薩迦、噶舉、寧瑪、格魯等各派的大成就者都曾以諦實語盛讚希阿榮博堪布是諸多大德的總集化身。

在《天王尊勝——希阿榮博堪布住世祈禱文》中，薩迦法王讚曰：

佛法教主本師釋迦王，八大近侍智成王臣友。
諸多印藏大德遊舞身，普現希阿榮博誠祈禱。
雪域弘法利生勝怙主，乘願如是應化有界中。
三寶三根具誓海會眾，諦力百劫住世願吉祥。

此祈禱文爲薩迦法王所作，具有甚深密意。大意是：希阿榮博上師乃是本師釋迦牟尼佛、八大菩薩、蓮師的主要弟子赤松德贊（王）、毘盧遮那（臣）、耶謝措嘉（友），以及印藏兩地眾多大成就者弘法利生遊舞世間之顯現。

懷著這樣的瞭解與信心，我們虔誠地向上師祈禱。上師是十方三世諸佛智悲之本體；上師之身爲僧之本體、語爲妙法本性、意即佛之本體，上師乃是三寶總集；也可以說，上師之身爲上師、語爲本尊、意爲空行，上師乃是三根本總集；上師之身爲化身、語爲報身、意爲法身，上師乃三身總集；上師亦是與一切智智普賢王如來無二無別的大成就者。且於我們這些可憐的濁世眾生，上師之恩德超勝諸佛。是爲導師殊勝圓滿。

地點圓滿

五台山是文殊師利菩薩應化的道場，眞正的人間淨土；也是諸多大圓滿傳承祖師居住、修行並獲得成就的地方。

法王如意寶一九八七年五台山朝聖是他度化漢地眾生的重要緣起。上師乃是法王心子，一代重要的大圓滿傳承上師。此次朝聖路線亦是依照法王一九八七年五台山的行跡來確立。因此，上師每一次灌頂、傳法和薈供之地都極爲殊勝。

時間圓滿

正值末劫時代，也是佛法的甘露最能滋潤眾生乾涸心靈的年代。正值上師秉承法王如意寶的教導，攝受有緣眾生，開始闡揚淨土法門和大圓滿法門之時，此次五台山的朝聖非同一般，其間種種善妙和瑞相成爲上師日後廣大的弘法利生事業的吉祥緣起，因而此次朝聖時間殊勝圓滿。

眷屬圓滿

此次朝聖，上師的隨行僧眾中，有在藏地極具影響力的達瓦嘉措活佛、扎智活佛、亞瑪澤仁活佛、竇滇活佛和扎西旺秋堪布；有戒律清淨、聞思修行均有造詣的慈誠晉美法師、希阿慈誠法師、慈誠聽列法師、聰達喇嘛和圖滇喇嘛。此次朝聖瑞相頻現，上師多次說，隨行四眾弟子一定都很清淨，他們當中，一定會有菩薩的化身。

再者，此次隨行四眾弟子都具佛性，我們獲得了珍寶人身，又幸運地遇到了具德金剛上師，且承蒙上師以方便教言攝受，可以說作爲眷屬的我們都是未來佛。是爲眷屬圓滿。

法圓滿

此次朝聖中，上師爲隨行弟子們傳授了殊勝灌頂，《顯密念誦集》中所有文殊菩薩的修法儀軌的傳承，以及很多竅訣與開示。

•灌頂

那羅延窟：法王如意寶意伏藏——文殊身語意灌頂

西台：蓮師身語意灌頂

羅睺寺：法王如意寶意伏藏——文殊身語意灌頂

•傳承

北台靈應寺：《文殊語獅子》

金剛窟：《文殊大圓滿基道果無別發願文》

南台普濟寺：米滂仁波切所造之《阿字修法儀軌》

中台演教寺：《紅黃文殊成就諸事業——平日智慧修法精要儀軌四臂文殊修法儀軌》

不二對談石：《心經》

西台法雷寺：《文殊智慧勇士修法》、《釋迦牟尼佛修法儀軌》

菩薩頂：《佛子行三十七頌》

羅睺寺：《隨念三寶經》

上善財洞：《上師供修法儀軌》、《上師瑜珈速賜加持》

清涼屍林：念誦破瓦法和古薩里法

清涼寺：傳授菩薩戒和《普賢行願品》傳承

黛螺頂：《文殊禮讚文》、《二十一度母讚頌文》

顯通寺：《金剛乘十四根本墮罪懺悔文》、《三十五佛懺悔文》

文殊髮塔：百字明

・薈供

那羅延窟：文殊薈供（本尊薈供）

上善財洞：蓮師薈供（上師薈供）

觀音洞：耶謝措嘉薈供（空行薈供）含修法儀軌

此外，每一位隨行弟子圓滿念誦十萬遍文殊心咒。是爲法圓滿。

法王如意寶一九八七年的朝聖非常圓滿，在他準備返回藏地時，漢地成千上萬的信眾情眞意

朝聖第三天是阿彌陀佛的節日，上師慈悲開示，鼓勵我們對西方極樂世界生起渴求心和信心。上師講解了米滂仁波切在《淨土教言》中闡釋的往生四因，並說：「西方極樂世界和其他淨土不一樣，有的淨土需要一地菩薩才可以去，眞正帶業可以往生的是西方極樂世界。在菩提心的攝持下，凡夫不造謗法罪和五無間罪，按照往生四因進行修持的話，一定可以往生。到了極樂世界以後就成爲登地菩薩。那時候再繼續修行就很容易。」

《同生極樂國》這篇文章寫完的那天是藏曆水龍年十一月十五日，正值法王如意寶示現圓寂九週年的紀念日，也是阿彌陀佛節日。上師夢見法王如意寶爲弟子們灌頂，夢境清晰穩定，非常吉祥。

五台山朝聖之後約一年的時間，二〇一三年七月十六日，藏曆水蛇年六月初八，藥師佛的節日，上師決定在扎西持林寂靜地舉行蓮師法會。這一天，在蓮師壇城一層的大經堂內，上師爲前來參加法會的漢藏四眾弟子灌頂。上師所賜乃是蓮師的四級灌頂，列繞林巴大師的伏藏，非常殊勝。七月十八日，即藏曆水蛇年六月初十，蓮師聖誕日，上師主持蓮師薈供。薈供前，將一尊二公尺多高的蓮師聖像迎請到法會現場。隨著薈供開始，一片酷似蓮師的白雲豁然出現在蓮師壇城上空，與此同時，圍繞著太陽出現了吉祥的彩色光環。在壇城上方出現橫條型的彩虹，色彩豔麗非常。伴著種種瑞相，扎西持林的僧眾跳起了象徵教法興盛的金剛舞。

當天晚上，上師收到一篇嘎旺圖曲朗巴伏藏大師掘取的蓮師《未來授記文》，譯成中文內容如下：「於下多康玉隆地區中，弘法利生怙主名湛嘉（梵文，藏語爲「希阿」，意爲「智慧」），濁世大悲攝受所化眾，宣演解脫道引極樂剎。」文中對上師仁波切之駐錫地、名號以及所化事業已經明顯宣說。

伏藏大師嘎旺圖曲朗巴，也叫圖滇偉瑟。是一百四十多年前，生活在德格地區的一位大成就者，他取出的蓮師伏藏，如今保存在距離扎西持林不遠的一座寺廟當中，而發現這篇授記文的正是這座寺廟的堪布策讓旺嘉。

從《生命這齣戲》一書（《同生極樂國》一文是其中重要的內容）出版至今日，短短幾個月的時間，四眾弟子發願念誦阿彌陀佛心咒超過千億遍。

作者感言

本書在上師的開許和加持下，在師兄們的幫助下，清央措不揣淺陋，非常榮幸並感恩有此執筆之機會。

然而我毫無聞思修行的基礎，又從未寫過佛法相關的文章，此項工作之挑戰可想而知。只能時常在晚上下班以後，靜下心來，認眞地整理與寫作。有時晚上就睡在辦公室，只休息較短時間，第二天卻也能保持充沛精力。回想起來，無不是上師慈悲加持的結果。

寫作於是成了我的修行，在上師無處不在的加持下，愚笨的我終於有所進步和提昇。

但是與文殊菩薩無二無別的上師行願廣大、密意難測，弟子水準所限，謬誤難免，謹在此向文殊師利菩薩、諸大圓滿祖師，特別是我的師父至誠懺悔，並懇請諸位讀者寬宥。

祈願與此文結緣所有眾生早日成就菩提果位。

橡樹林文化❖❖成就者傳紀系列❖❖書目

JS0001	惹瓊巴傳	堪千創古仁波切◎著	260元
JS0002	曼達拉娃佛母傳	喇嘛卻南、桑傑．康卓◎英譯	350元
JS0003	伊喜．措嘉佛母傳	嘉華．蔣秋、南開．寧波◎伏藏書錄	400元
JS0004	無畏金剛智光：怙主敦珠仁波切的生平與傳奇	堪布才旺．董嘉仁波切◎著	400元
JS0005	珍稀寶庫——薩迦總巴創派宗師貢嘎南嘉傳	嘉敦．強秋旺嘉◎著	350元
JS0006	帝洛巴傳	堪千創古仁波切◎著	260元
JS0007	南懷瑾的最後100天	王國平◎著	380元
JS0008	偉大的不丹傳奇．五大伏藏王之一 貝瑪林巴之生平與伏藏教法	貝瑪林巴◎取藏	450元
JS0009	噶舉三祖師：馬爾巴傳	堪千創古仁波切◎著	300元
JS0010	噶舉三祖師：密勒日巴傳	堪千創古仁波切◎著	280元
JS0011	噶舉三祖師：岡波巴傳	堪千創古仁波切◎著	280元
JS0012	法界遍智全知法王——龍欽巴傳	蔣巴．麥堪哲．史都爾◎著	380元
JS0013	藏傳佛法最受歡迎的聖者—— 瘋聖竹巴袞列傳奇生平與道歌	格西札浦根敦仁欽◎藏文彙編	380元
JS0014	大成就者傳奇：54位密續大師的悟道故事	凱斯．道曼◎著	500元

橡樹林文化❖❖蓮師文集系列❖❖書目

JA0001	空行法教	伊喜．措嘉佛母輯錄付藏	260元
JA0002	蓮師傳	伊喜．措嘉記錄撰寫	380元
JA0003	蓮師心要建言	艾瑞克．貝瑪．昆桑◎藏譯英	350元
JA0004	白蓮花	蔣貢米龐仁波切◎著	260元
JA0005	松嶺寶藏	蓮花生大士◎著	330元
JA0006	自然解脫	蓮花生大士◎著	400元
JA0007/8	智慧之光1/2	根本文◎蓮花生大士／釋論◎蔣貢．康楚	799元
JA0009	障礙遍除：蓮師心要修持	蓮花生大士◎著	450元

朝聖系列　JK0001

五台山與大圓滿：文殊道場朝聖指南

作　　者／菩提洲
責任編輯／張嫙婷
業　　務／顏宏紋

總 編 輯／張嘉芳
出　　版／橡樹林文化
　　　　城邦文化事業股份有限公司
　　　　104台北市民生東路二段141號5樓
　　　　電話：(02)2500-7696　傳眞：(02)2500-1951
發　　行／英屬蓋曼群島商家庭傳媒股份有限公司城邦分公司
　　　　104台北市中山區民生東路二段141號5樓
　　　　客服服務專線：(02)25007718；25001991
　　　　24小時傳眞專線：(02)25001990；25001991
　　　　服務時間：週一至週五上午09:30～12:00；下午13:30～17:00
　　　　劃撥帳號：19863813　戶名：書虫股份有限公司
　　　　讀者服務信箱：service@readingclub.com.tw
香港發行所／城邦（香港）出版集團有限公司
　　　　香港灣仔駱克道193號東超商業中心1樓
　　　　電話：(852)25086231　傳眞：(852)25789337
　　　　Email: hkcite@biznetvigator.com
馬新發行所／城邦（馬新）出版集團【Cité (M) Sdn.Bhd. (458372 U)】
　　　　41, Jalan Radin Anum, Bandar Baru Sri Petaling,
　　　　57000 Kuala Lumpur, Malaysia.
　　　　電話：(603) 90563833　傳眞：(603) 90576622
　　　　Email：services@cite.my

封面設計／兩棵酸梅
內文排版／歐陽碧智
印　　刷／中原造像股份有限公司

初版一刷／2018年10月
初版二刷／2023年 8 月
ISBN／978-986-5613-84-6
定價／500元

城邦讀書花園
www.cite.com.tw

國家圖書館出版品預行編目（CIP）資料

五台山與大圓滿：文殊道場朝聖指南 / 菩提洲作. -- 初版. -- 臺北市：橡樹林文化，城邦文化出版：家庭傳媒城邦分公司發行，2018.10
　面；　公分. --（朝聖；JK0001）
ISBN 978-986-5613-84-6(（平裝）

1.藏傳佛教　2.佛教修持

226.965　　107017013

廣　告　回　函
北區郵政管理局登記證
北 台 字 第 10158 號

郵資已付　免貼郵票

104 台北市中山區民生東路二段 141 號 5 樓

城邦文化事業股份有限公司

橡樹林出版事業部　收

請沿虛線剪下對折裝訂寄回，謝謝！

|橡|樹|林|

書名：五台山與大圓滿：文殊道場朝聖指南　書號：JK0001

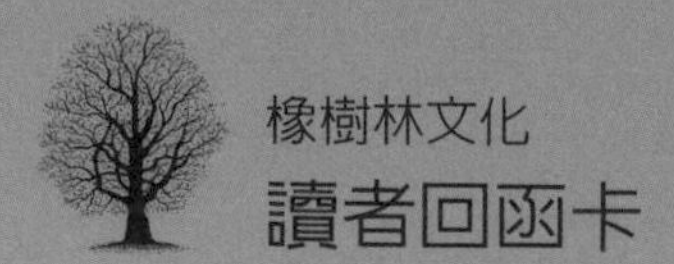

橡樹林文化
讀者回函卡

感謝您對橡樹林出版社之支持，請將您的建議提供給我們參考與改進；請別忘了給我們一些鼓勵，我們會更加努力，出版好書與您結緣。

姓名：＿＿＿＿＿＿＿＿＿＿ □女 □男 生日：西元＿＿＿＿＿年

Email：＿＿＿＿＿＿＿＿＿＿＿＿＿＿＿＿＿＿＿＿

●您從何處知道此書？

□書店 □書訊 □書評 □報紙 □廣播 □網路 □廣告 DM □親友介紹

□橡樹林電子報 □其他＿＿＿＿＿＿

●您以何種方式購買本書？

□誠品書店 □誠品網路書店 □金石堂書店 □金石堂網路書店

□博客來網路書店 □其他＿＿＿＿＿＿

●您希望我們未來出版哪一種主題的書？（可複選）

□佛法生活應用 □教理 □實修法門介紹 □大師開示 □大師傳記

□佛教圖解百科 □其他＿＿＿＿＿＿

●您對本書的建議：

＿＿＿＿＿＿＿＿＿＿＿＿＿＿＿＿＿＿＿＿

＿＿＿＿＿＿＿＿＿＿＿＿＿＿＿＿＿＿＿＿

＿＿＿＿＿＿＿＿＿＿＿＿＿＿＿＿＿＿＿＿

＿＿＿＿＿＿＿＿＿＿＿＿＿＿＿＿＿＿＿＿

＿＿＿＿＿＿＿＿＿＿＿＿＿＿＿＿＿＿＿＿

非常感謝您提供基本資料，基於行銷及客戶管理或其他合於營業登記項目或章程所定業務需要之目的，家庭傳媒集團（即英屬蓋曼群商家庭傳媒股份有限公司城邦分公司、城邦文化事業股分有限公司、書虫股分有限公司、墨刻出版股分有限公司、城邦原創股分有限公司）於本集團之營運期間及地區內，將不定期以 MAIL 訊息發送方式，利用您的個人資料於提供讀者產品相關之消費與活動訊息，如您有依照個資法第三條或其他需服務之業務，得致電本公司客服。

我已經完全瞭解左述內容，並同意本人資料依上述範圍內使用。

＿＿＿＿＿＿＿＿＿＿＿＿（簽名）

處理佛書的方式

佛書內含佛陀的法教，能令我們免於投生惡道，並且爲我們指出解脫之道。因此，我們應當對佛書恭敬，不將它放置於地上、座位或是走道上，也不應跨過。搬運佛書時，要妥善地包好、保護好。放置佛書時，應放在乾淨的高處，與其他一般的物品區分開來。

若是需要處理掉不用的佛書，就必須小心謹慎地將它們燒掉，而不是丟棄在垃圾堆當中。焚燒佛書前，最好先唸一段祈願文或是咒語，例如唵（OM）、啊（AH）、吽（HUNG），然後觀想被焚燒的佛書中的文字融入「啊」字，接著「啊」字融入你自身，之後才開始焚燒。

這些處理方式也同樣適用於佛教藝術品，以及其他宗教教法的文字記錄與藝術品。

ཡི་གེ་ཉི་ཤུ་རྩ་དྲུག་པ་འདི་དཔེ་ཆའི་ནང་དུ་བཞག་ན་དཔེ་ཆ་དེ་ཅི་འདྲར་
བགོམས་ཀྱང་ཉེས་པ་མི་འབྱུང་བར་འཇམ་དཔལ་རྩ་རྒྱུད་ལས་གསུངས་སོ།།
此咒置經書中　可滅誤跨之罪

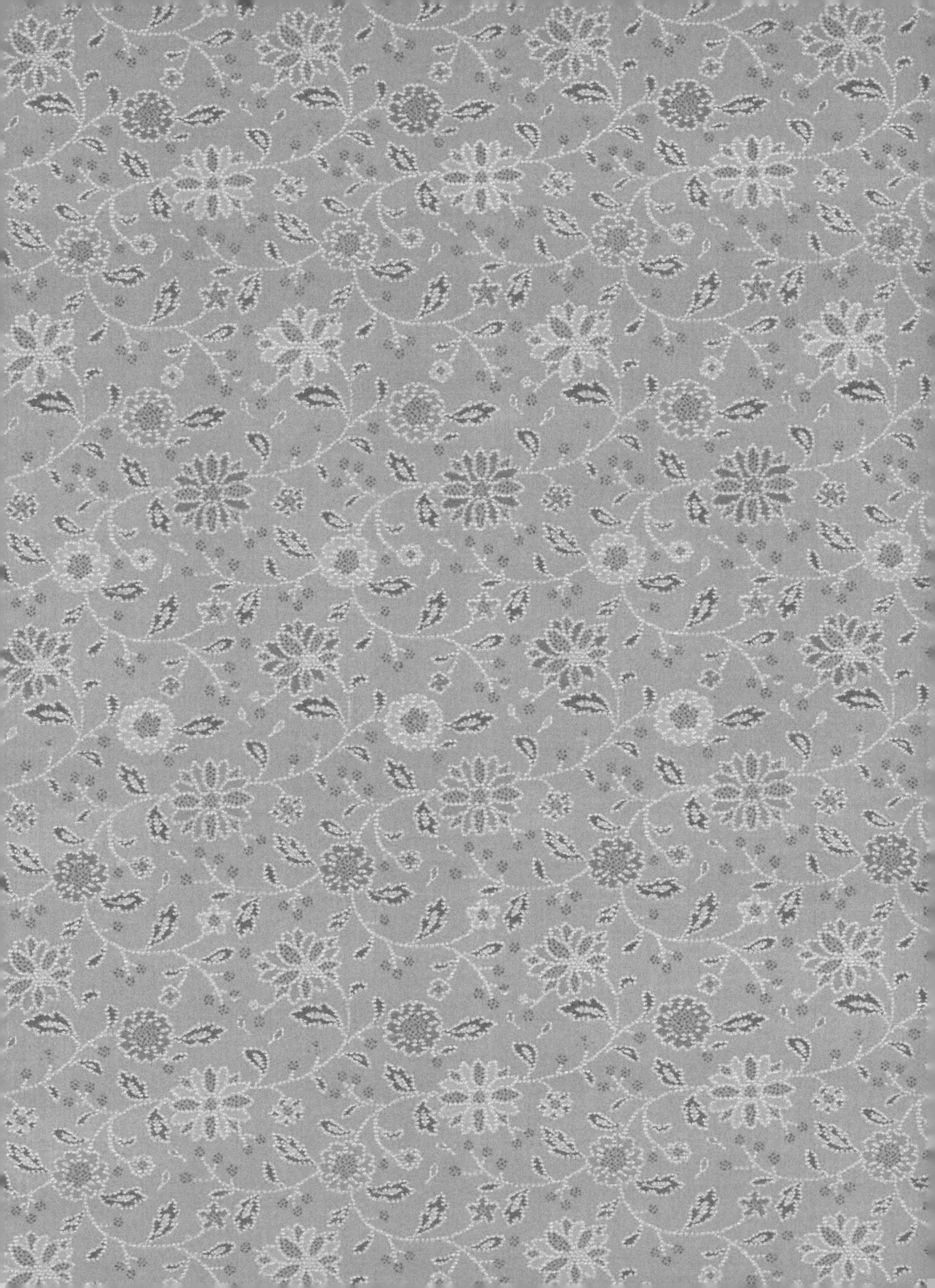